2024

中国房地产统计年鉴

CHINA REAL ESTATE STATISTICS YEARBOOK

国家统计局
固定资产投资统计司 编

中国统计出版社
China Statistics Press

图书在版编目（CIP）数据

中国房地产统计年鉴. 2024 = China Real Estate Statistical Yearbook 2024 / 国家统计局固定资产投资统计司编. -- 北京 : 中国统计出版社, 2024. 12.
ISBN 978-7-5230-0564-4

Ⅰ. F299.233.5-54

中国国家版本馆 CIP 数据核字第 2024JP4586 号

中国房地产统计年鉴 2024

作　　者/国家统计局固定资产投资统计司
责任编辑/郭　栋
执行编辑/刘　晨
装帧设计/李雪燕
出版发行/中国统计出版社有限公司
通信地址/北京市丰台区西三环南路甲 6 号　邮政编码/100073
发行电话/邮购（010）63376909　书店（010）68783171
网　　址/http://www.zgtjcbs.com/
印　　刷/河北鑫兆源印刷有限公司
经　　销/新华书店
开　　本/880mm×1230mm　1/16
字　　数/249 千字
印　　张/10.5
版　　别/2024 年 12 月第 1 版
版　　次/2024 年 12 月第 1 次印刷
定　　价/380.00 元

编辑委员会

Editorial Board

说　明

《中国房地产统计年鉴 2024》是一部反映中国房地产市场运行状况的统计资料，收集了全国房地产开发企业开发经营统计数据，是全面客观研究和深入量化分析房地产市场的权威工具。

《中国房地产统计年鉴 2024》资料来源于 2023 年第五次全国经济普查房地产开发企业基层数据。统计范围为有开发经营活动的全部房地产开发经营法人单位。本年鉴分为综合篇和城市篇两大部分。

综合篇主要内容包括：各地区房地产开发企业个数及从业人员情况；各地区房地产开发投资完成情况及到位资金情况；各地区房屋开竣工面积及新建商品房销售情况；各地区房地产开发企业经营收入及资产负债情况等。

为重点反映全国大、中城市房地产开发企业的运行状况，本年鉴单独发布了 35 个重点城市（直辖市、省会城市及计划单列市）的房地产开发统计资料。城市篇的主要内容包括：重点城市房地产开发企业完成投资情况；重点城市商品房销售情况、成套房屋建设情况、商品房待售情况以及房地产开发企业主要财务指标完成情况等内容。

本年鉴数据使用注意事项：

1. 本年鉴资料来源于房地产开发企业联网直报的基层报表数据库，不包括香港、澳门特别行政区和台湾省数据。

2. 本年鉴资料凡小数点后各项相加不等于总计者，均由于数据四舍五入的缘故。

3. 本年鉴各表中的“空格”表示该项统计数据不足本表最小单位数、数据不详或无该项数据。

4. 本年鉴资料由国家统计局固定资产投资统计司编制并负责解释。

5. 本篇资料对 2022 年度房地产开发投资、商品房销售面积等指标数据进行了修订，主要原因是：（一）加强在建房地产开发项目审核，剔除单纯一级土地开发等非房地产开发项目。（二）加强商品房销售数据审核，剔除退房和具有抵押性质等非商品房销售数据。（三）加强统计执法，对发现的问题数据按照相关规定进行了改正。

目　录

第一部分　综合篇

第一章　房地产开发企业基本概况

第二章　房地产开发投资及企业到位资金情况

第二部分 城市篇

附 录

第一部分　综合篇

第一章　房地产开发企业基本概况

1-1　房地产开发企业主要指标完成情况

指　　标	绝对量		增速(%)	
	2022	2023	2022	2023
一、企业个数(个)	**102852**	**100111**	**-2.4**	**-2.7**
1.按登记注册统计类别分				
内资	99054	96929	-2.3	-2.1
港澳台投资	2550	2448	-5.7	-4.0
外商投资	1248	734	-8.0	-41.2
2.按规模分				
大型企业	977	1112	-8.1	13.8
中型企业	36396	43445	-3.2	19.4
小微企业	65479	55554	-1.9	-15.2
二、从业人员平均人数(人)	**2446671**	**2002341**	**-12.7**	**-18.2**
按规模分				
大型企业	59782	66466	-27.2	11.2
中型企业	1177541	1183198	-11.6	0.5
小微企业	1209348	752677	-12.8	-37.8
三、本年完成投资(亿元)	**123847.80**	**112142.25**	**-10.0**	**-9.5**
1.按构成分				
建筑安装工程	74791.37	66077.23	-11.4	-11.7
设备工器具购置	1019.16	985.94	-11.2	-3.3
其他费用	48037.27	45079.08	-7.7	-6.2
#土地购置费	41347.65	39058.00	-5.0	-5.5
2.按工程用途分				
住宅	93420.11	84961.22	-9.5	-9.1
办公楼	5034.77	4571.05	-11.4	-9.2
商业营业用房	9722.17	8067.20	-14.4	-17.0
其他	15670.74	14542.79	-9.4	-7.2
四、本年新增固定资产(亿元)	**42557.32**	**53424.38**	**-15.0**	**25.5**

注：本年鉴登记注册统计类别按《关于市场主体统计分类的划分规定》(国统字〔2023〕14号)执行(以下相关表同)。

1-1 续表

指 标	绝对量		增速(%)	
	2022	2023	2022	2023
五、本年实际到位资金(亿元)	**148209.59**	**129766.29**	**-26.3**	**-12.4**
国内贷款	17424.17	16212.53	-25.2	-7.0
利用外资	77.97	43.13	-27.4	-44.7
自筹资金	52406.09	42698.67	-19.9	-18.5
定金及预收款	49085.11	43620.90	-33.6	-11.1
个人按揭贷款	23655.31	21709.02	-27.0	-8.2
其他到位资金	5560.95	5482.04	-6.8	-1.4
六、房屋建筑面积(万平方米)				
施工面积	904499.67	840156.92	-7.3	-7.1
#住宅	639208.97	590989.04	-7.4	-7.5
竣工面积	85357.96	101999.09	-15.8	19.5
#住宅	61846.87	73973.49	-15.3	19.6
七、新建商品房销售				
新建商品房销售面积(万平方米)	122154.48	111761.62	-24.3	-8.5
#住宅	103305.77	94818.89	-26.7	-8.2
新建商品房平均销售价格(元/平方米)	10210	10438	-3.2	2.2
#住宅	10608	10864	-2.0	2.4
八、资产总计(亿元)	**1126529.36**	**1119129.49**	**-0.6**	**-0.7**
按规模分				
大型企业	75825.29	87697.08	-7.1	15.7
中型企业	573902.90	661829.25	1.5	15.3
小微企业	476801.16	369603.15	-2.0	-22.5
九、负债合计(亿元)	**891499.10**	**873174.59**	**-2.1**	**-2.1**
十、所有者权益合计(亿元)	**235030.25**	**245954.90**	**5.2**	**4.6**
十一、主营业务收入(亿元)	**123051.98**	**143273.58**	**-8.4**	**16.4**
土地转让收入	709.12	674.39	-7.8	-4.9
商品房销售收入	115936.21	135045.71	-9.0	16.5
自持物业收入	2263.45	2347.66	-1.2	3.7
其他收入	4143.19	5083.80	8.0	22.7

注：商品房平均销售价格由报告期内新建商品房销售额除以销售面积计算而成。不同时期的商品房平均销售价格可能会受商品房区域、房屋类型等各种因素的影响(以下相关各表同)。

1-2　各地区按登记注册统计类别分的房地产开发企业个数

单位：个

地　区	总　计	内　资	港澳台投资	外商投资
全国总计	**100111**	**96929**	**2448**	**734**
北　京	1171	1116	27	28
天　津	1084	1029	35	20
河　北	3840	3810	20	10
山　西	2766	2757	6	3
内蒙古	1696	1695		1
辽　宁	2581	2410	131	40
吉　林	1345	1337	5	3
黑龙江	1297	1284	9	4
上　海	2528	2209	227	92
江　苏	6922	6378	423	121
浙　江	6142	5957	126	59
安　徽	3682	3635	36	11
福　建	3148	2986	131	31
江　西	2853	2790	55	8
山　东	7882	7590	219	73
河　南	8337	8276	46	15
湖　北	4180	4109	60	11
湖　南	4383	4314	55	14
广　东	9603	8902	589	112
广　西	3060	3018	36	6
海　南	1256	1204	43	9
重　庆	2121	2031	68	22
四　川	4671	4612	43	16
贵　州	2594	2576	12	6
云　南	2808	2780	21	7
西　藏	121	121		
陕　西	2968	2941	18	9
甘　肃	1666	1664	1	1
青　海	306	305		1
宁　夏	572	569	2	1
新　疆	2528	2524	4	

1-3 各地区按资质等级分的房地产开发企业个数

单位：个

地 区	总 计	一 级	二 级	三 级	四 级	暂 定	其 他
全国总计	**100111**	**1247**	**32308**	**10128**	**9863**	**35974**	**10591**
北 京	1171	29	521	33	315	194	79
天 津	1084	12	338	33	447	121	133
河 北	3840	72	1729	281	564	1116	78
山 西	2766	17	1192	109	625	744	79
内蒙古	1696	14	532	166	622	219	143
辽 宁	2581	22	549	428	29	1091	462
吉 林	1345	8	364	130	158	642	43
黑龙江	1297	8	287	485	100	289	128
上 海	2528	27	494	160	3	1496	348
江 苏	6922	97	2636	251	17	3067	854
浙 江	6142	76	1354	508	281	2114	1809
安 徽	3682	63	1148	377	126	1570	398
福 建	3148	33	874	394	291	1329	227
江 西	2853	24	857	182	164	1298	328
山 东	7882	174	3042	479	725	2725	737
河 南	8337	117	2688	555	330	3578	1069
湖 北	4180	70	1048	298	545	1770	449
湖 南	4383	46	1230	692	750	1398	267
广 东	9603	98	2194	796	1347	3764	1404
广 西	3060	25	940	288	180	1542	85
海 南	1256	8	369	68	104	525	182
重 庆	2121	65	1011	279	6	691	69
四 川	4671	47	1799	1960	35	642	188
贵 州	2594	8	806	272	218	1194	96
云 南	2808	24	922	134	616	837	275
西 藏	121	1	38	13	21	44	4
陕 西	2968	30	1156	318	526	514	424
甘 肃	1666	9	570	218	374	468	27
青 海	306	2	147	37	30	78	12
宁 夏	572	9	332	60	60	86	25
新 疆	2528	12	1141	124	254	828	169

1-4　各地区按隶属关系分的房地产开发国有控股企业个数

单位：个

地　　区	合　计	中央属	地方属	其　他
全国总计	**12971**	**1541**	**8008**	**3422**
北　　京	563	102	360	101
天　　津	444	85	358	1
河　　北	204	27	168	9
山　　西	259	27	213	19
内 蒙 古	88	11	58	19
辽　　宁	202	31	55	116
吉　　林	117	6	55	56
黑 龙 江	136	16	64	56
上　　海	929	112	559	258
江　　苏	1147	179	887	81
浙　　江	864	117	712	35
安　　徽	547	46	287	214
福　　建	486	14	301	171
江　　西	249	20	135	94
山　　东	1022	57	666	299
河　　南	570	37	323	210
湖　　北	621	72	310	239
湖　　南	407	42	197	168
广　　东	1086	212	417	457
广　　西	330	26	242	62
海　　南	192	45	114	33
重　　庆	282	41	159	82
四　　川	682	50	350	282
贵　　州	301	34	223	44
云　　南	316	47	203	66
西　　藏	18	1	16	1
陕　　西	491	45	294	152
甘　　肃	193	8	137	48
青　　海	20	1	10	9
宁　　夏	33	4	22	7
新　　疆	172	26	113	33

1-5 各地区按登记注册统计类别分的房地产开发企业从业人数

单位：人

地　区	总　计	内　资	港澳台投　资	外商投资
全国总计	**2002341**	**1914210**	**67184**	**20947**
北　京	33612	30942	1843	827
天　津	21102	19144	1582	376
河　北	87560	86705	453	402
山　西	52836	52624	77	135
内蒙古	26932	26919		13
辽　宁	35493	32033	2606	854
吉　林	23414	23147	164	103
黑龙江	17245	16966	212	67
上　海	43745	33241	7652	2852
江　苏	122415	110195	9102	3118
浙　江	92465	87766	2833	1866
安　徽	70008	68843	981	184
福　建	63262	59355	3358	549
江　西	62190	60711	1362	117
山　东	167833	160578	5812	1443
河　南	150121	148753	1039	329
湖　北	103094	100190	2561	343
湖　南	99572	97382	1810	380
广　东	198518	177713	16321	4484
广　西	58157	57106	969	82
海　南	28718	27602	953	163
重　庆	59184	55791	2290	1103
四　川	116843	115116	1094	633
贵　州	48261	48015	185	61
云　南	68996	67895	988	113
西　藏	2343	2343		
陕　西	57892	56962	618	312
甘　肃	32805	32798	6	1
青　海	6229	6209		20
宁　夏	12083	11953	113	17
新　疆	39413	39213	200	

1-6　各地区按资质等级分的房地产开发企业从业人数

单位：人

地　区	总　计	一　级	二　级	三　级	四　级	暂　定	其　他
全国总计	**2002341**	**81708**	**741867**	**215687**	**173274**	**619455**	**170350**
北　京	33612	3719	14859	1053	8999	3489	1493
天　津	21102	538	7454	1523	7315	1811	2461
河　北	87560	5443	41514	7107	11232	20514	1750
山　西	52836	1014	25503	2524	10194	12695	906
内蒙古	26932	771	10103	2693	8539	3080	1746
辽　宁	35493	808	10244	6578	210	11572	6081
吉　林	23414	1278	7813	2004	2194	9655	470
黑龙江	17245	204	5600	5546	738	3525	1632
上　海	43745	2742	9262	3967	40	21913	5821
江　苏	122415	4354	51690	3905	145	50419	11902
浙　江	92465	4954	23475	7828	3380	30399	22429
安　徽	70008	3011	25395	6603	1544	26380	7075
福　建	63262	2947	20901	8031	4387	23687	3309
江　西	62190	792	22945	4408	3116	24499	6430
山　东	167833	11412	65527	12417	18013	48268	12196
河　南	150121	5960	55947	9254	4095	60170	14695
湖　北	103094	3543	30493	8552	10141	40771	9594
湖　南	99572	3801	31665	15569	14267	28178	6092
广　东	198518	7461	56625	23002	24135	61257	26038
广　西	58157	1766	20149	6727	2972	25172	1371
海　南	28718	383	10371	2298	2173	10323	3170
重　庆	59184	4445	28854	6143	95	16704	2943
四　川	116843	3328	50091	44130	368	14986	3940
贵　州	48261	599	18135	5150	3077	19833	1467
云　南	68996	1908	26473	4010	11522	19343	5740
西　藏	2343	18	1086	199	318	546	176
陕　西	57892	2173	26411	5797	8564	8135	6812
甘　肃	32805	765	12590	4397	6044	8703	306
青　海	6229	140	3095	790	493	1544	167
宁　夏	12083	825	8427	727	1010	852	242
新　疆	39413	606	19170	2755	3954	11032	1896

1-7 各地区按隶属关系分的房地产开发国有控股企业从业人数

单位：人

地 区	合 计	中央属	地方属	其 他
全国总计	**343219**	**43382**	**216904**	**82933**
北 京	18056	2713	13515	1828
天 津	9769	2087	7682	
河 北	5815	457	5046	312
山 西	8630	1153	7179	298
内蒙古	2978	367	2218	393
辽 宁	4377	850	1216	2311
吉 林	2483	236	1164	1083
黑龙江	3371	407	2226	738
上 海	14978	2415	9542	3021
江 苏	25364	4872	19053	1439
浙 江	17552	2296	14576	680
安 徽	12613	836	7140	4637
福 建	14578	239	10442	3897
江 西	6406	320	3827	2259
山 东	31043	2286	22048	6709
河 南	12526	1050	6665	4811
湖 北	18621	2483	9324	6814
湖 南	12428	2491	6120	3817
广 东	30790	6028	11495	13267
广 西	8820	439	7083	1298
海 南	6084	1286	3700	1098
重 庆	12145	1382	7895	2868
四 川	20993	1443	10067	9483
贵 州	6686	991	4714	981
云 南	9574	1177	6107	2290
西 藏	894		894	
陕 西	13366	1170	7927	4269
甘 肃	5431	176	4019	1236
青 海	651	61	347	243
宁 夏	1869	933	784	152
新 疆	4328	738	2889	701

第二章

房地产开发投资及企业到位资金情况

2-1　各地区房地产开发企业投资规模与完成情况

单位：万元

地　区	计划总投资	自开始建设累计完成投资	本年完成投资
全国总计	**10173069180**	**6884126648**	**1121422549**
北　京	290980343	245637927	42024126
天　津	233152990	165427080	12320409
河　北	294341628	161311031	30944549
山　西	173946389	96367110	17600841
内蒙古	92397152	57954607	10096794
辽　宁	217271412	160916523	17428044
吉　林	93289277	61548916	8230373
黑龙江	67645927	45498489	4580371
上　海	501578499	309945659	60620387
江　苏	991129804	609668381	119321207
浙　江	771450873	523483455	133191754
安　徽	411961283	294646166	46765218
福　建	299357668	250844212	44138875
江　西	207303636	112638282	16048807
山　东	699795142	426612093	85412340
河　南	492321419	301430353	42251828
湖　北	439994928	287199200	54676112
湖　南	314548915	209743393	38522335
广　东	1374903187	1027514913	136933257
广　西	272631660	189846564	13367523
海　南	142300566	107303455	11692918
重　庆	303319930	270769827	27967094
四　川	429455301	280826408	53220193
贵　州	224239776	145872815	11908175
云　南	228761923	179790602	17185018
西　藏	5383722	4332986	794062
陕　西	337194809	197174992	32784044
甘　肃	93531125	56234308	12639991
青　海	26491875	17384610	2013543
宁　夏	35823346	22676497	4362220
新　疆	106564675	63525794	12380141

2-2 各地区按登记注册统计类别分的房地产开发企业计划总投资

单位：万元

地 区	总 计	内 资	港澳台投资	外商投资
全国总计	**10173069180**	**9619338645**	**439220157**	**114510378**
北 京	290980343	281849210	5757955	3373178
天 津	233152990	223952755	7858559	1341676
河 北	294341628	288342040	2070641	3928947
山 西	173946389	173114198	423444	408747
内 蒙 古	92397152	92312652		84500
辽 宁	217271412	188159759	20823911	8287742
吉 林	93289277	90826014	1324893	1138370
黑 龙 江	67645927	65798612	1762315	85000
上 海	501578499	441535770	44266829	15775900
江 苏	991129804	889487639	79330028	22312137
浙 江	771450873	740355146	23747797	7347930
安 徽	411961283	402661325	8196996	1102962
福 建	299357668	283682746	14540287	1134635
江 西	207303636	198913710	7811775	578151
山 东	699795142	660545436	32266500	6983206
河 南	492321419	487195702	4331147	794570
湖 北	439994928	419902908	17863737	2228283
湖 南	314548915	301471813	11705499	1371603
广 东	1374903187	1267441161	84932730	22529296
广 西	272631660	262054835	10426677	150148
海 南	142300566	132569555	9045946	685065
重 庆	303319930	271541783	26592219	5185928
四 川	429455301	417594968	9980938	1879395
贵 州	224239776	223577205	552571	110000
云 南	228761923	219826428	6383218	2552277
西 藏	5383722	5383722		
陕 西	337194809	328774094	5421831	2998884
甘 肃	93531125	93519277		11848
青 海	26491875	26361875		130000
宁 夏	35823346	35677138	146208	
新 疆	106564675	104909169	1655506	

2-3　各地区按资质等级分的房地产开发企业计划总投资

单位：万元

地　区	总　计	一　级	二　级	三　级	四　级	暂　定	其　他
全国总计	**10173069180**	**314255965**	**3705645568**	**702182841**	**634818910**	**3550882113**	**1265283783**
北　京	290980343	9152221	155729392	8709219	57514580	48487356	11387575
天　津	233152990	6468223	83524257	5685268	86634772	24534031	26306439
河　北	294341628	12565391	130847687	20062528	30382331	94787923	5695768
山　西	173946389	3544827	81065874	4792378	35626869	46777642	2138799
内蒙古	92397152	2943718	31151165	8207327	26711880	16645971	6737091
辽　宁	217271412	3037386	58541347	25895488	332697	81575110	47889384
吉　林	93289277	1254109	32223349	4565837	5209721	47660294	2375967
黑龙江	67645927	1276012	17840006	21739556	992883	19183383	6614087
上　海	501578499	9242998	168213130	12837827		260549061	50735483
江　苏	991129804	23118296	417243121	7404177	317834	419229425	123816951
浙　江	771450873	9140755	184262824	36171596	12372054	283382553	246121091
安　徽	411961283	15458120	145132674	37502058	4827983	159961283	49079165
福　建	299357668	8222731	119311963	29744722	8966188	110125815	22986249
江　西	207303636	1766243	68659624	14349279	8982237	96430963	17115290
山　东	699795142	39829687	285399036	38561746	33415481	215000293	87588899
河　南	492321419	20727991	175213583	19149700	7207830	220439803	49582512
湖　北	439994928	19445932	125369291	16673227	17495581	210802707	50208190
湖　南	314548915	12829759	105781278	40058019	36660251	101544732	17674876
广　东	1374903187	41727890	391339475	100756099	126831266	439884954	274363503
广　西	272631660	11370234	86804005	25607762	10910806	130607377	7331476
海　南	142300566	4591463	48305433	10191487	8228716	56285973	14697494
重　庆	303319930	20866668	161656116	12879250	78627	101961611	5877658
四　川	429455301	11637541	198788532	143349129	506946	54691453	20481700
贵　州	224239776	1633398	96452104	14026611	7540900	92604313	11982450
云　南	228761923	5354433	80821680	5879780	37580485	75278616	23846929
西　藏	5383722	60000	3212304	257495	409350	938186	506387
陕　西	337194809	10069170	130697551	18806079	39152197	65910734	72559078
甘　肃	93531125	2310207	36576835	8243547	16208656	28989030	1202850
青　海	26491875	344500	11571506	2818898	1677595	9557043	522333
宁　夏	35823346	1867066	27257759	1895997	1758991	2293829	749704
新　疆	106564675	2398996	46652667	5360755	10283203	34760649	7108405

2-4 各地区按登记注册统计类别分的房地产开发企业完成投资

单位：万元

地区	总计	内资	港澳台投资	外商投资
全国总计	**1121422549**	**1074148296**	**37740935**	**9533318**
北京	42024126	41221923	502588	299615
天津	12320409	11851513	405314	63582
河北	30944549	30746550	111967	86032
山西	17600841	17545985	44897	9959
内蒙古	10096794	10092090		4704
辽宁	17428044	16158308	1027573	242163
吉林	8230373	8043096	151306	35971
黑龙江	4580371	4542198	34100	4073
上海	60620387	55655124	3565886	1399377
江苏	119321207	107559484	9638292	2123431
浙江	133191754	128048849	3595488	1547417
安徽	46765218	46379959	342063	43196
福建	44138875	43232831	719264	186780
江西	16048807	15486956	551737	10114
山东	85412340	80290734	4016370	1105236
河南	42251828	41854601	365502	31725
湖北	54676112	52291892	2030405	353815
湖南	38522335	37267621	1152489	102225
广东	136933257	130065028	5583305	1284924
广西	13367523	13150098	208829	8596
海南	11692918	11040055	597378	55485
重庆	27967094	26204571	1538987	223536
四川	53220193	52408196	713068	98929
贵州	11908175	11900426	7749	
云南	17185018	16823666	263546	97806
西藏	794062	794062		
陕西	32784044	32211235	475962	96847
甘肃	12639991	12639991		
青海	2013543	1995763		17780
宁夏	4362220	4343328	18892	
新疆	12380141	12302163	77978	

2-5　各地区按资质等级分的房地产开发企业完成投资

单位：万元

地　区	总　计	一　级	二　级	三　级	四　级	暂　定	其　他
全国总计	**1121422549**	**31367550**	**482895564**	**53428485**	**40035822**	**341863559**	**171831569**
北　京	42024126	945958	28276161	450428	3154498	6101934	3095147
天　津	12320409	319757	6139187	254934	2435779	1262226	1908526
河　北	30944549	1056854	15250295	2193058	2579215	9593646	271481
山　西	17600841	269767	8711560	402532	2460038	5418680	338264
内蒙古	10096794	253762	4249350	745021	2335521	1695345	817795
辽　宁	17428044	207342	5809982	1538957	19798	5378593	4473372
吉　林	8230373	177341	3047417	443023	500411	3779268	282913
黑龙江	4580371	23681	1591823	928173	99436	1371122	566136
上　海	60620387	702103	23964298	1020584		27622303	7311099
江　苏	119321207	2169524	51972763	669013	59143	47869694	16581070
浙　江	133191754	1867467	37727863	4911450	1020154	42025150	45639670
安　徽	46765218	1369519	21845776	1123454	414429	14966311	7045729
福　建	44138875	1470565	26074743	1717672	494521	9010558	5370816
江　西	16048807	164080	6857368	819155	383787	6318150	1506267
山　东	85412340	5193462	39050688	3654989	3407555	22088942	12016704
河　南	42251828	1818975	18357949	1360060	393742	16231810	4089292
湖　北	54676112	1243006	18041620	1708678	1678223	24814265	7190320
湖　南	38522335	1296509	14188361	3240369	3815457	13007552	2974087
广　东	136933257	5963342	50698760	4634143	6468095	36787739	32381178
广　西	13367523	403227	5522415	843973	310392	5700985	586531
海　南	11692918	309434	5386732	574994	433638	3508083	1480037
重　庆	27967094	1189205	15936847	1081379	2350	9245431	511882
四　川	53220193	1240580	28557823	14753730	104847	6210727	2352486
贵　州	11908175	242301	5230590	656803	369221	4389478	1019782
云　南	17185018	137507	8607670	305151	1825835	4237372	2071483
西　藏	794062		406499	40803	68497	120516	157747
陕　西	32784044	785077	14224730	1615074	2750694	4692772	8715697
甘　肃	12639991	134250	5829933	979706	1593636	3819438	283028
青　海	2013543	45150	1010061	145891	84160	704812	23469
宁　夏	4362220	220354	3382842	203099	67575	335987	152363
新　疆	12380141	147451	6943458	412189	705175	3554670	617198

2-6 各地区按隶属关系分的房地产开发国有控股企业完成投资

单位：万元

地　　区	合　计	中央属	地方属	其　他
全国总计	**342651550**	**59346080**	**201706031**	**81599439**
北　　京	26780996	6508081	14196213	6076702
天　　津	5944299	1677083	4267216	
河　　北	3727609	1020539	2610249	96821
山　　西	3888237	884046	2518501	485690
内 蒙 古	756811	112656	575348	68807
辽　　宁	2860389	624368	608628	1627393
吉　　林	1640633	322765	766270	551598
黑 龙 江	1099872	132506	450839	516527
上　　海	35262218	4853615	21028244	9380359
江　　苏	35824252	7849866	26289234	1685152
浙　　江	30184398	7317269	21582366	1284763
安　　徽	14139186	1342541	8271311	4525334
福　　建	19976343	784294	14546424	4645625
江　　西	2964986	471950	1730587	762449
山　　东	21004882	2158832	13212287	5633763
河　　南	7041044	1706608	3911022	1423414
湖　　北	17884503	2352902	8104618	7426983
湖　　南	8614392	1504578	2975730	4134084
广　　东	46572758	9258519	20091186	17223053
广　　西	3168119	320346	2499232	348541
海　　南	4278532	889652	3056921	331959
重　　庆	6866817	1856502	3221295	1789020
四　　川	15928658	1462485	7972408	6493765
贵　　州	2835108	591413	2043620	200075
云　　南	3152896	897878	1692606	562412
西　　藏	474562		474562	
陕　　西	14033099	1926075	9090168	3016856
甘　　肃	2993934	189927	2115127	688880
青　　海	189055		101626	87429
宁　　夏	501585	34273	213514	253798
新　　疆	2061377	294511	1488679	278187

2-7 各地区按构成分的房地产开发企业完成投资

单位：万元

地区	本年完成投资	建筑工程	安装工程	设备工器具购置	其他费用	#土地购置费
全国总计	**1121422549**	**621881936**	**38890411**	**9859361**	**450790841**	**390579976**
北京	42024126	13478302	110794	34496	28400534	25079324
天津	12320409	6768317	146235	29388	5376469	3592286
河北	30944549	19926307	796506	201545	10020191	8379349
山西	17600841	12097394	714945	146340	4642162	3336484
内蒙古	10096794	7013315	454294	25814	2603371	2189848
辽宁	17428044	12616997	664594	179796	3966657	3120197
吉林	8230373	5337195	279685	18444	2595049	2295228
黑龙江	4580371	3249074	215031	59139	1057127	689981
上海	60620387	24175109	349788	147127	35948363	30666457
江苏	119321207	63074733	3471011	1097861	51677602	46952900
浙江	133191754	51354546	1041605	429975	80365628	72265468
安徽	46765218	26900876	1180511	177195	18506636	16975217
福建	44138875	19818242	999114	387116	22934403	21949066
江西	16048807	10745733	1068509	252932	3981633	3587909
山东	85412340	52539441	5093001	693572	27086326	23817922
河南	42251828	33817503	1055958	340146	7038221	5954176
湖北	54676112	30750555	3028475	819512	20077570	17806525
湖南	38522335	24387917	3104000	1202701	9827717	8456045
广东	136933257	66883699	4329055	1189699	64530804	52932644
广西	13367523	9526546	865691	103009	2872277	1980157
海南	11692918	8148079	366454	62537	3115848	2149882
重庆	27967094	17620334	2988787	865243	6492730	5155569
四川	53220193	32150599	2725227	634863	17709504	15780251
贵州	11908175	9084630	376809	83579	2363157	1873949
云南	17185018	14813253	285192	69080	2017493	1601801
西藏	794062	505900	74082	5672	208408	182871
陕西	32784044	21693160	1856342	335674	8898868	6613043
甘肃	12639991	8775455	856446	124021	2884069	2402158
青海	2013543	1597033	66807	18413	331290	280720
宁夏	4362220	3410415	129733	33690	788382	623226
新疆	12380141	9621277	195730	90782	2472352	1889323

2-8 各地区按用途分的房地产开发企业完成投资

单位：万元

地区	本年完成投资	住宅	办公楼	商业营业用房	其他
全国总计	**1121422549**	**849612209**	**45710468**	**80671969**	**145427903**
北京	42024126	27144155	2687398	1899780	10292793
天津	12320409	9736950	321192	629376	1632891
河北	30944549	26074763	376368	1447668	3045750
山西	17600841	14218582	227944	1217819	1936496
内蒙古	10096794	7878294	106825	781979	1329696
辽宁	17428044	13772852	542376	1634218	1478598
吉林	8230373	6134164	165056	779030	1152123
黑龙江	4580371	3727254	44503	395407	413207
上海	60620387	34667873	7727379	4897998	13327137
江苏	119321207	96229830	3712658	8129762	11248957
浙江	133191754	92738824	5717589	8455526	26279815
安徽	46765218	37723082	852812	3562757	4626567
福建	44138875	32076321	1177785	2751587	8133182
江西	16048807	13402060	343631	1354364	948752
山东	85412340	69345994	3200604	5233567	7632175
河南	42251828	36736439	1010104	2147284	2358001
湖北	54676112	43568776	2444287	4078573	4584476
湖南	38522335	31401327	819821	3394965	2906222
广东	136933257	99422689	8648017	10418955	18443596
广西	13367523	10569919	249923	914818	1632863
海南	11692918	8415846	738034	1046254	1492784
重庆	27967094	21096396	452942	2944862	3472894
四川	53220193	40063441	1886750	4215418	7054584
贵州	11908175	9839706	101684	866939	1099846
云南	17185018	12844015	494329	1735093	2111581
西藏	794062	604433	44522	108000	37107
陕西	32784044	26150179	1179936	1896526	3557403
甘肃	12639991	10295261	176946	876950	1290834
青海	2013543	1585036	44041	207312	177154
宁夏	4362220	3462057	25209	403764	471190
新疆	12380141	8685691	189803	2245418	1259229

2-9 各地区按控股情况分的房地产开发企业完成投资

单位：万元

地　区	总　计	国有控股	集体控股	私人控股	港澳台商控股	外商控股	其他
全国总计	**1121422549**	**342651550**	**17895817**	**715680648**	**33051911**	**11472648**	**669975**
北　京	42024126	26780996	1673877	10823480	1973757	772016	
天　津	12320409	5944299	139415	5523080	423798	289817	
河　北	30944549	3727609	146354	26830763	116086	120882	2855
山　西	17600841	3888237	104895	13537783	31035	38891	
内蒙古	10096794	756811	35730	9304253			
辽　宁	17428044	2860389	98315	13146817	1020568	300745	1210
吉　林	8230373	1640633	59818	6338424	155527	35971	
黑龙江	4580371	1099872	75984	3366701	33741	4073	
上　海	60620387	35262218	1648850	19079747	2990090	1435541	203941
江　苏	119321207	35824252	2067143	73962025	6082649	1385138	
浙　江	133191754	30184398	1933289	96385303	3160686	1528078	
安　徽	46765218	14139186	424170	31516233	642433	43196	
福　建	44138875	19976343	85998	22891905	511254	673375	
江　西	16048807	2964986	100953	12453562	472100	10114	47092
山　东	85412340	21004882	2383640	58122875	2976777	550360	373806
河　南	42251828	7041044	515000	34309585	341839	44360	
湖　北	54676112	17884503	1016350	33321843	1613322	840094	
湖　南	38522335	8614392	498468	28214086	1109898	85491	
广　东	136933257	46572758	3493914	79314358	5417526	2093630	41071
广　西	13367523	3168119	57351	9775333	238386	128334	
海　南	11692918	4278532	63962	6689257	602834	58333	
重　庆	27967094	6866817	86214	19346527	1465723	201813	
四　川	53220193	15928658	286373	36054261	706483	244418	
贵　州	11908175	2835108	149432	8911431	12204		
云　南	17185018	3152896	141910	13332312	399784	158116	
西　藏	794062	474562	27010	292490			
陕　西	32784044	14033099	296823	17585499	456541	412082	
甘　肃	12639991	2993934	113101	9532956			
青　海	2013543	189055	84668	1722040		17780	
宁　夏	4362220	501585	12306	3829437	18892		
新　疆	12380141	2061377	74504	10166282	77978		

2-10 各地区按投资规模分的房地产开发企业完成投资

单位：万元

地　区	500万元以　下	500-1000万元	1000-3000万元	3000-5000万元	5000万-1亿元	1-5亿元	5-10亿元	10亿元及以　上
全国总计	**1438**	**31304**	**536718**	**1326792**	**6391541**	**114795800**	**180261675**	**818077281**
北　京					33	274788	639847	41109458
天　津			41	2249	6664	413694	1192326	10705435
河　北		710	10340	50021	317523	9593846	9571069	11401040
山　西		632	14971	58084	325450	4118596	4421857	8661251
内 蒙 古		1415	37751	75415	366686	3357557	2710203	3547767
辽　宁		1565	16111	26249	154186	3672908	4093405	9463620
吉　林		543	22050	32878	111508	2003583	1480603	4579208
黑 龙 江	185	1718	30974	72745	259077	1277765	685684	2252223
上　海			421	1807	1443	741671	2523561	57351484
江　苏			14233	31771	229581	5556757	14716777	98772088
浙　江	919	171	12344	36979	188368	6099746	14941658	111911569
安　徽		805	7095	25809	132163	3664349	10916043	32018954
福　建		3355	19329	25424	142385	3262628	8089991	32595763
江　西		806	26459	70942	251172	3979733	4970440	6749255
山　东	88	419	31356	101223	509441	12644106	21149108	50976599
河　南			15264	50579	343103	7481988	11482319	22878575
湖　北		1030	22348	45624	213007	3905760	6681215	43807128
湖　南		1125	16186	64865	336675	5388156	7646676	25068652
广　东		665	40273	84896	373910	6395261	10966987	119071265
广　西		1096	18501	28471	180447	2690694	3045197	7403117
海　南			6357	15670	61276	1355257	2464004	7790354
重　庆	215	501	4407	8207	79953	1619988	3462468	22791355
四　川		880	11018	26560	245947	6397770	12503816	34034202
贵　州		460	4398	12905	108371	2261649	2522824	6997568
云　南		621	20343	37644	272812	3322835	3852852	9677911
西　藏		480	5254	551	11131	211770	176453	388423
陕　西		2308	13804	67261	233335	3435642	5390677	23641017
甘　肃		781	25022	60501	229339	2924341	3508822	5891185
青　海			5890	14237	36682	468663	399518	1088553
宁　夏		884	9503	17196	53494	1240782	1134659	1905702
新　疆	31	8334	74675	180029	616379	5033517	2920616	3546560

2-11　各地区按登记注册统计类别分的房地产开发企业住宅完成投资

单位：万元

地　　区	总　计	内　资	港澳台投资	外商投资
全国总计	**849612209**	**819423116**	**23779506**	**6409587**
北　　京	27144155	26885549	117694	140912
天　　津	9736950	9447744	275370	13836
河　　北	26074763	25936035	72661	66067
山　　西	14218582	14173188	37622	7772
内 蒙 古	7878294	7878294		
辽　　宁	13772852	12916522	665101	191229
吉　　林	6134164	6047293	52747	34124
黑 龙 江	3727254	3702842	21049	3363
上　　海	34667873	33271559	977039	419275
江　　苏	96229830	87510325	7015352	1704153
浙　　江	92738824	89893471	1733126	1112227
安　　徽	37723082	37421652	263225	38205
福　　建	32076321	31464785	516080	95456
江　　西	13402060	12899669	493516	8875
山　　东	69345994	65102250	3329763	913981
河　　南	36736439	36487673	220942	27824
湖　　北	43568776	41907105	1344313	317358
湖　　南	31401327	30532351	777826	91150
广　　东	99422689	95094235	3560964	767490
广　　西	10569919	10404857	157591	7471
海　　南	8415846	7863360	497037	55449
重　　庆	21096396	20141122	752409	202865
四　　川	40063441	39630741	377557	55143
贵　　州	9839706	9832257	7449	
云　　南	12844015	12648977	157785	37253
西　　藏	604433	604433		
陕　　西	26150179	25774472	291812	83895
甘　　肃	10295261	10295261		
青　　海	1585036	1570822		14214
宁　　夏	3462057	3444734	17323	
新　　疆	8685691	8639538	46153	

2-12 各地区按资质等级分的房地产开发企业住宅完成投资

单位：万元

地　　区	总　计	一　级	二　级	三　级	四　级	暂　定	其　他
全国总计	**849612209**	**23171894**	**364635153**	**40537580**	**30511171**	**263756479**	**126999932**
北　　京	27144155	459803	18139012	361979	1808516	4008709	2366136
天　　津	9736950	280374	4780115	177394	1968584	990422	1540061
河　　北	26074763	882982	12707440	1827216	2179699	8228780	248646
山　　西	14218582	222113	7130089	306918	1861467	4421513	276482
内 蒙 古	7878294	203485	3269427	593630	1811751	1361747	638254
辽　　宁	13772852	188733	4525819	1258539	17853	4287856	3494052
吉　　林	6134164	140308	2162667	362354	406643	2873350	188842
黑 龙 江	3727254	23665	1271173	748940	67012	1182976	433488
上　　海	34667873	331288	13896138	479485		16380448	3580514
江　　苏	96229830	1615695	41765366	532083	54949	39332283	12929454
浙　　江	92738824	1385709	26803596	3378520	820623	28983760	31366616
安　　徽	37723082	1129054	17723908	843986	374648	12051501	5599985
福　　建	32076321	969447	18840692	1237461	298360	6967386	3762975
江　　西	13402060	138334	5610509	689881	299729	5318150	1345457
山　　东	69345994	4196746	30940308	2884720	2795849	18115734	10412637
河　　南	36736439	1665635	15652949	1113579	352911	14367673	3583692
湖　　北	43568776	1136233	14213646	1458517	1441020	20045099	5274261
湖　　南	31401327	1040007	11783068	2582982	3090313	10443677	2461280
广　　东	99422689	3786361	36875561	3214396	4273819	27771177	23501375
广　　西	10569919	300778	4279168	663091	207319	4630207	489356
海　　南	8415846	217361	4039069	443336	384162	2421208	910710
重　　庆	21096396	707154	11848875	940365	2350	7192496	405156
四　　川	40063441	883988	21475300	11139996	58959	4849771	1655427
贵　　州	9839706	214470	4095976	522384	330585	3751942	924349
云　　南	12844015	88668	6442533	186610	1441547	3181140	1503517
西　　藏	604433		316266	23452	42052	80712	141951
陕　　西	26150179	583154	10995712	1289286	2260060	3830769	7191198
甘　　肃	10295261	69334	4772097	718007	1263843	3260194	211786
青　　海	1585036	44600	764458	103106	60775	601027	11070
宁　　夏	3462057	174383	2648825	174122	54218	296230	114279
新　　疆	8685691	92032	4865391	281245	481555	2528542	436926

2-13　各地区按资质等级分的房地产开发企业90平方米及以下住宅完成投资

单位：万元

地　区	总　计	一　级	二　级	三　级	四　级	暂　定	其　他
全国总计	**148435109**	**4492909**	**62620705**	**7290744**	**5377868**	**45571931**	**23080952**
北　京	9532905	219468	5817358	282010	988601	1737958	487510
天　津	2820454	126715	1186262	100781	561106	191836	653754
河　北	3979284	223233	1769830	281976	284088	1384714	35443
山　西	1540097	12113	828592	13091	166142	472875	47284
内蒙古	738468	1866	258277	38301	171218	197335	71471
辽　宁	3265493	78522	1063746	268915	3862	1031389	819059
吉　林	1891389	96611	578778	138519	152488	811110	113883
黑龙江	1241978		459027	209750	39567	334271	199363
上　海	11331967	88497	4016298	143928		5470726	1612518
江　苏	12002839	145223	5066102	166504	2185	4761269	1861556
浙　江	13635388	141353	3667988	721219	103068	4679038	4322722
安　徽	4071873	113594	1817116	57021	4691	1119481	959970
福　建	8980083	389306	5537421	258464	35905	1816673	942314
江　西	991613	32705	310756	41533	17930	511811	76878
山　东	4376360	120649	1914060	277802	337086	1215542	511221
河　南	5834470	541550	1758488	244755	29201	2593850	666626
湖　北	4687996	71147	1697784	271536	196404	1949342	501783
湖　南	1530350	104792	447345	119192	189150	580090	89781
广　东	30318351	1531984	11751767	685120	1245644	7759836	7344000
广　西	1693136	23921	681173	74435	17974	835112	60521
海　南	1165665	20825	450745	48070	128894	365950	151181
重　庆	5840055	66705	3298929	263369		2113668	97384
四　川	9068219	156669	4689408	2213625	14149	1653880	340488
贵　州	933898	48148	284603	82692	53996	430633	33826
云　南	2375944	5450	1169495	23035	321296	538313	318355
西　藏	58011		16584	13694	15423	12310	
陕　西	2321165	95281	918616	157108	159226	333939	656995
甘　肃	931000	13517	371236	56616	90633	352460	46538
青　海	121481		58048	9265	1962	50958	1248
宁　夏	66609	9202	34575	5793	3987	13052	
新　疆	1088568	13863	700298	22625	41992	252510	57280

2-14 各地区按资质等级分的房地产开发企业144平方米以上住宅完成投资

单位：万元

地　区	总　计	一　级	二　级	三　级	四　级	暂　定	其　他
全国总计	**143226200**	**4425948**	**68540114**	**5800536**	**5501625**	**36842613**	**22115364**
北　京	5263689	44198	3606397	41723	333088	854327	383956
天　津	1014572	19238	557493	12332	233527	90081	101901
河　北	2706527	94594	1484499	136024	162560	816085	12765
山　西	2574252	14962	1281121	31730	471451	733404	41584
内蒙古	1815478	21929	822589	121886	448115	312403	88556
辽　宁	1762939	15251	691131	187741		398437	470379
吉　林	579832		270583	30195	23191	246064	9799
黑龙江	340389	142	128945	120875	4338	74247	11842
上　海	6215826	67316	3313911	147663		2356762	330174
江　苏	18327026	357958	8948958	55979	1659	6602091	2360381
浙　江	22378545	433734	6922801	349599	351699	6015820	8304892
安　徽	3321423	109287	2003973	34909	39245	622655	511354
福　建	5654318	60357	3517972	161461	75468	1065107	773953
江　西	1570722	21183	784683	173166	48783	446134	96773
山　东	15033093	1359577	7786979	447579	657200	3374235	1407523
河　南	4241604	69502	2624451	113224	39558	1152556	242313
湖　北	4936302	117519	2241567	81201	199037	1783253	513725
湖　南	8592333	361104	3870305	438411	844282	2324656	753575
广　东	14066298	526539	5746332	672297	511291	3101215	3508624
广　西	1238074	31100	625743	125020	17309	380770	58132
海　南	834165	12001	448437	15071	14511	277685	66460
重　庆	1621984	127576	1028080	74589	1350	372858	17531
四　川	6514302	216199	3709550	1715629	25593	603654	243677
贵　州	1169029	83782	596258	53466	26336	367802	41385
云　南	3537832	37931	1677991	59725	372971	896858	492356
西　藏	74748		47006	2390	2879	22473	
陕　西	5273805	174374	2228317	285607	493215	890115	1202177
甘　肃	798016	5814	340520	54694	55761	329463	11764
青　海	179306		131822	10741	12898	23281	564
宁　夏	643403	27953	542251	13971	2390	26137	30701
新　疆	946368	14828	559449	31638	31920	281985	26548

2-15　各地区按登记注册统计类别分的房地产开发企业办公楼完成投资

单位：万元

地　区	总　计	内　资	港澳台投资	外商投资
全国总计	**45710468**	**41391017**	**3600575**	**718876**
北　京	2687398	2402202	253862	31334
天　津	321192	271541	49651	
河　北	376368	371758		4610
山　西	227944	227944		
内蒙古	106825	106825		
辽　宁	542376	451010	90544	822
吉　林	165056	164556	500	
黑龙江	44503	44503		
上　海	7727379	6436002	892489	398888
江　苏	3712658	3214286	440623	57749
浙　江	5717589	5350221	303176	64192
安　徽	852812	835152	17660	
福　建	1177785	1120171	30283	27331
江　西	343631	342543	1088	
山　东	3200604	2940311	219782	40511
河　南	1010104	980320	29784	
湖　北	2444287	2200476	236577	7234
湖　南	819821	699187	120634	
广　东	8648017	7944918	642543	60556
广　西	249923	243042	6881	
海　南	738034	701368	36666	
重　庆	452942	320790	132132	20
四　川	1886750	1783607	87006	16137
贵　州	101684	101684		
云　南	494329	486314	386	7629
西　藏	44522	44522		
陕　西	1179936	1169765	8308	1863
甘　肃	176946	176946		
青　海	44041	44041		
宁　夏	25209	25209		
新　疆	189803	189803		

2-16 各地区按资质等级分的房地产开发企业办公楼完成投资

单位：万元

地　区	总　计	一　级	二　级	三　级	四　级	暂　定	其　他
全国总计	**45710468**	**1383357**	**16747874**	**2067977**	**1756246**	**14250527**	**9504487**
北　京	2687398	75186	1640725	4222	322815	537533	106917
天　津	321192	7393	156042	10161	94369	965	52262
河　北	376368	30027	157669	8176	94306	83384	2806
山　西	227944		90030	1956	47969	87520	469
内蒙古	106825		76499	652	19659	8634	1381
辽　宁	542376		142708	59525		205130	135013
吉　林	165056		82626		4778	59482	18170
黑龙江	44503		11220	13324	2268	15951	1740
上　海	7727379	93311	2461253	316228		3337380	1519207
江　苏	3712658	76737	1503577	1319		1415387	715638
浙　江	5717589	14668	1118343	176811	11912	2023254	2372601
安　徽	852812	19761	342095	58861	217	270913	160965
福　建	1177785	1213	654766	100625	52656	265065	103460
江　西	343631	675	159984	13633	4487	148139	16713
山　东	3200604	135510	1613935	111543	113129	838300	388187
河　南	1010104	16966	386627	106410	1976	283367	214758
湖　北	2444287	21730	899577	34547	10491	1229650	248292
湖　南	819821	15832	196771	121768	57278	402950	25222
广　东	8648017	602262	2387574	415660	632168	1889812	2720541
广　西	249923	992	65428	8479	28791	139069	7164
海　南	738034	88033	240636	9275	2351	260078	137661
重　庆	452942	41699	316680	9347		85166	50
四　川	1886750	57242	1192836	411250	321	92872	132229
贵　州	101684	1705	63224	322	892	35511	30
云　南	494329	16054	237964	3012	43506	159299	34494
西　藏	44522		9182	5170	15947	4648	9575
陕　西	1179936	63322	354303	21939	117072	256773	366527
甘　肃	176946	3015	61973	34136	54620	23202	
青　海	44041		13693	713	494	25529	3612
宁　夏	25209		25018	1		180	10
新　疆	189803	24	84916	8912	21774	65384	8793

2-17 各地区按登记注册统计类别分的房地产开发企业商业营业用房完成投资

单位：万元

地 区	总 计	内 资	港澳台投资	外商投资
全国总计	**80671969**	**75057654**	**4702205**	**912110**
北 京	1899780	1807939	47096	44745
天 津	629376	543254	36622	49500
河 北	1447668	1421007	16151	10510
山 西	1217819	1213583	4032	204
内蒙古	781979	778134		3845
辽 宁	1634218	1489018	112183	33017
吉 林	779030	689298	89732	
黑龙江	395407	386951	8379	77
上 海	4897998	3999765	635012	263221
江 苏	8129762	6904060	1088971	136731
浙 江	8455526	7805460	560653	89413
安 徽	3562757	3507841	54510	406
福 建	2751587	2635207	107204	9176
江 西	1354364	1313811	39939	614
山 东	5233567	4999328	156734	77505
河 南	2147284	2040103	106299	882
湖 北	4078573	4005706	64178	8689
湖 南	3394965	3228218	161667	5080
广 东	10418955	9620158	677650	121147
广 西	914818	896958	17657	203
海 南	1046254	1013378	32873	3
重 庆	2944862	2495082	448251	1529
四 川	4215418	4090136	117084	8198
贵 州	866939	866739	200	
云 南	1735093	1605438	86275	43380
西 藏	108000	108000		
陕 西	1896526	1870371	25686	469
甘 肃	876950	876950		
青 海	207312	203746		3566
宁 夏	403764	403764		
新 疆	2245418	2238251	7167	

2-18 各地区按资质等级分的房地产开发企业商业营业用房完成投资

单位：万元

地　区	总　计	一　级	二　级	三　级	四　级	暂　定	其　他
全国总计	**80671969**	**2407601**	**33565862**	**4410847**	**3426938**	**24668780**	**12191941**
北　京	1899780	44293	1270835	3272	184236	313119	84025
天　津	629376	5684	286383	6969	171799	72219	86322
河　北	1447668	74498	643666	148776	78130	498674	3924
山　西	1217819	20346	599611	38213	210417	327397	21835
内蒙古	781979	30607	354804	43990	141960	141725	68893
辽　宁	1634218	4714	567083	104839	1620	396085	559877
吉　林	779030	1950	361914	20733	55327	311001	28105
黑龙江	395407	16	135414	67605	20215	69132	103025
上　海	4897998	71775	1713006	69227		2256747	787243
江　苏	8129762	299769	3409786	60502	3600	3147393	1208712
浙　江	8455526	91565	2028178	427553	61739	2560797	3285694
安　徽	3562757	89584	1571611	65000	10524	1303458	522580
福　建	2751587	21392	1532099	223506	68479	571091	335020
江　西	1354364	12444	577661	73717	61018	528166	101358
山　东	5233567	296348	2372880	243130	249533	1577366	494310
河　南	2147284	55190	987115	92986	18927	811690	181376
湖　北	4078573	46423	1468859	102540	139894	1650471	670386
湖　南	3394965	133883	1018907	323391	392615	1302921	223248
广　东	10418955	668150	3786407	392007	830774	2635156	2106461
广　西	914818	33513	371123	68415	41576	364511	35680
海　南	1046254	237	382052	36607	30919	364888	231551
重　庆	2944862	279108	1599191	51212		940060	75291
四　川	4215418	41629	2207864	1286584	8556	511145	159640
贵　州	866939	5517	464631	71384	26098	272886	26423
云　南	1735093	4064	804137	76541	120781	492800	236770
西　藏	108000		60017	6537	5179	30046	6221
陕　西	1896526	19558	940701	100841	178150	260049	397227
甘　肃	876950	27194	383713	99962	137878	200525	27678
青　海	207312	550	117674	20761	16084	46978	5265
宁　夏	403764	14426	322932	17041	8684	12827	27854
新　疆	2245418	13174	1225608	67006	152226	697457	89947

2-19　各地区按资质等级分的房地产开发企业本年新增固定资产

单位：万元

地　区	总　计	一　级	二　级	三　级	四　级	暂　定	其　他
全国总计	**534243837**	**17307373**	**175807418**	**41416643**	**34029873**	**205575584**	**60106946**
北　京	15877666	379656	6825641	56299	3945218	3699860	970992
天　津	10095514	347389	3576808	362890	3491392	990539	1326496
河　北	14274364	1092889	5177044	1216592	2066093	4355280	366466
山　西	7318983	161456	3244354	263319	1657287	1978800	13767
内蒙古	5243602	80057	1731452	361042	1867376	577200	626475
辽　宁	11072854	34605	2936342	749317	67419	4115944	3169227
吉　林	2526359		943195	95567	300143	1110837	76617
黑龙江	3036113		828044	1231718	76635	634566	265150
上　海	16561691		3548118	1133300		9630235	2250038
江　苏	58856644	872993	21844102	909037	14403	31288801	3927308
浙　江	63128904	951105	11038188	5321539	1383304	27180432	17254336
安　徽	27540095	845062	8861581	1897070	277332	13304587	2354463
福　建	26891180	882571	7828072	3023114	412482	12583059	2161882
江　西	8425284	40618	2351043	775491	486960	4223736	547436
山　东	44862629	3205368	17137582	2221795	2706080	14792050	4799754
河　南	20387387	910748	8575089	739639	233567	8512172	1416172
湖　北	19980597	621645	5787054	934401	1108972	10446362	1082163
湖　南	17556182	316765	5646530	2720187	1918670	6309092	644938
广　东	59580299	1733570	17135885	2676744	5979769	21857008	10197323
广　西	11410798	520156	3823431	1526569	128295	5223451	188896
海　南	6407858	25392	2327160	95890	361967	2218556	1378893
重　庆	17336812	1962885	8353737	935775	1500	5729918	352997
四　川	22372100	292106	9209256	9274571	27948	2497173	1071046
贵　州	5144360		2205182	408310	116510	2049088	365270
云　南	11937499	622070	3742796	455082	1861021	4263889	992641
西　藏	421528	55950	138348	590	84555	142085	
陕　西	10282081	352885	3580650	954722	1910105	1382644	2101075
甘　肃	5611959	452077	1187311	672395	936003	2364173	
青　海	1300126		550555	136281	42758	496532	74000
宁　夏	4081865	336099	3136520	111255	130226	318025	49740
新　疆	4720504	211256	2536348	156142	435883	1299490	81385

2-20 各地区房地产开发企业实际到位资金情况

单位：万元

地区	本年实际到位资金合计	上年末结余资金	本年实际到位资金	国内贷款	银行贷款	非银行金融机构贷款
全国总计	**1940282259**	**642619310**	**1297662949**	**162125339**	**146009092**	**16116247**
北京	103164053	44671889	58492164	7407803	6702598	705205
天津	39570968	12538451	27032517	2742430	2019535	722895
河北	54058083	15988554	38069529	2950184	2806820	143364
山西	28346428	8442998	19903430	660224	588835	71389
内蒙古	16349632	4660142	11689490	372211	350918	21293
辽宁	26905484	7893039	19012445	1467206	1339525	127681
吉林	11356475	2867242	8489233	350007	338699	11308
黑龙江	6957580	1359575	5598005	425968	342062	83906
上海	118576936	57802943	60773993	14699085	13799041	900044
江苏	212780832	68864738	143916094	24010629	22090291	1920338
浙江	220023685	86186543	133837142	19019943	18060296	959647
安徽	81793912	25650951	56142961	5223442	4778610	444832
福建	68234178	22085027	46149151	5072614	3545917	1526697
江西	30658113	9331741	21326372	1903129	1678249	224880
山东	125545055	37971881	87573174	7965543	7302994	662549
河南	59741951	15416805	44325146	3676945	2994144	682801
湖北	68477269	23257413	45219856	5458213	4914715	543498
湖南	56879742	14717043	42162699	5407200	4317317	1089883
广东	276281559	94413654	181867905	28574323	26783405	1790918
广西	28602245	8509164	20093081	1867414	1564345	303069
海南	21556156	4375968	17180188	3155759	2634967	520792
重庆	38250677	9781577	28469100	4644637	3910541	734096
四川	97058967	23869115	73189852	7031523	6153185	878338
贵州	19915608	6549407	13366201	786334	551745	234589
云南	26565791	7511208	19054583	994646	864754	129892
西藏	1051590	406165	645425	38107	38107	
陕西	59646221	18245568	41400653	4438867	3956661	482206
甘肃	14428306	3898936	10529370	488031	436541	51490
青海	2775748	611263	2164485	183243	151340	31903
宁夏	7596336	1317675	6278661	552056	549656	2400
新疆	17132679	3422635	13710044	557623	443279	114344

2-20　续表　　　　单位：万元

地　区	利用外资	自筹资金	定金及预收款	个人按揭贷款	其他资金来源	本年各项应付款合计	#工程款
全国总计	**431334**	**426986661**	**436208968**	**217090226**	**54820421**	**422859056**	**231605891**
北　京		12175821	28491786	5220640	5196114	5817829	3203110
天　津		6844670	13184215	3212447	1048755	7317949	2968340
河　北		13151267	13000256	7829236	1138586	12435651	6805266
山　西		6914787	7736646	4007647	584126	6457733	3637419
内蒙古		3865441	5136623	2019889	295326	4633906	2432132
辽　宁	8000	7799220	6710233	2625336	402450	7715000	4672967
吉　林	2143	4316523	1986262	1387378	446920	3658254	2047238
黑龙江		2242761	1777085	797286	354905	2016549	1253412
上　海	15108	23760254	17326833	3202267	1770446	10883425	5476652
江　苏	104665	39054873	48210164	25837390	6698373	53495856	29537746
浙　江	42320	42672439	47875094	19993953	4233393	34864234	17770542
安　徽	300	16539408	18241357	12301832	3836622	18442617	11129270
福　建	19334	22897246	11169149	4845154	2145654	12281418	5657511
江　西	3334	5750192	6491060	6325976	852681	8032897	5014023
山　东	2231	30596904	29676632	14959030	4372834	32230527	17692659
河　南		22622371	10227955	6953857	844018	15007735	8546585
湖　北	28830	14726706	12385154	9364312	3256641	21285828	10279087
湖　南		14198667	12306282	8549189	1701361	14917972	9119358
广　东	178869	59932856	60203513	27751593	5226751	49003738	25764185
广　西		4958980	6077014	5014269	2175404	10596697	5530546
海　南		6038823	6356896	806489	822221	6491130	2890279
重　庆	200	8431515	8818737	5063852	1510159	13972315	7374389
四　川		21689169	28913452	14637060	918648	22017046	12920934
贵　州		3159145	4000160	4710543	710019	5950625	3776436
云　南	26000	5579899	6713856	4946037	794145	11209131	6462029
西　藏		148566	165133	288476	5143	319751	175136
陕　西		16523998	11978399	6149449	2309940	15755248	9733987
甘　肃		4518972	3096225	2204829	221313	6740171	3901279
青　海		544351	858126	433935	144830	1022697	557075
宁　夏		921777	2165762	2446643	192423	1820175	1350292
新　疆		4409060	4928909	3204232	610220	6464952	3926007

2-21 各地区按登记注册统计类别分的房地产开发企业本年实际到位资金

单位：万元

地区	总计	内资	港澳台投资	外商投资
全国总计	**1297662949**	**1242100657**	**45412054**	**10150238**
北京	58492164	56724703	1236687	530774
天津	27032517	26155947	704975	171595
河北	38069529	37774461	117295	177773
山西	19903430	19837728	53895	11807
内蒙古	11689490	11684532		4958
辽宁	19012445	17837484	938801	236160
吉林	8489233	8399800	57019	32414
黑龙江	5598005	5526498	67521	3986
上海	60773993	56553646	2840872	1379475
江苏	143916094	131597328	10178549	2140217
浙江	133837142	128900527	3457758	1478857
安徽	56142961	55365556	723365	54040
福建	46149151	45098090	951785	99276
江西	21326372	20712261	595870	18241
山东	87573174	82296499	4325025	951650
河南	44325146	43838672	448239	38235
湖北	45219856	43542178	1593192	84486
湖南	42162699	39857378	2202852	102469
广东	181867905	172055443	8186760	1625702
广西	20093081	19574477	509940	8664
海南	17180188	16353032	737982	89174
重庆	28469100	26443452	1705878	319770
四川	73189852	71340382	1759793	89677
贵州	13366201	13360701	5500	
云南	19054583	18648848	323019	82716
西藏	645425	645425		
陕西	41400653	39459915	1542466	398272
甘肃	10529370	10529370		
青海	2164485	2144635		19850
宁夏	6278661	6264562	14099	
新疆	13710044	13577127	132917	

2-22　各地区按资质等级分的房地产开发企业本年实际到位资金

单位：万元

地　区	总　计	一　级	二　级	三　级	四　级	暂　定	其　他
全国总计	**1297662949**	**42111867**	**605581403**	**66850126**	**50617469**	**346135518**	**186366566**
北　京	58492164	1158730	41545109	633846	4936065	7328228	2890186
天　津	27032517	695215	15061887	1157042	4846453	2298055	2973865
河　北	38069529	1419742	20159549	2266056	3004442	10885034	334706
山　西	19903430	350641	10194483	453355	2552174	5815667	537110
内蒙古	11689490	296878	4928967	924511	2779946	1842504	916684
辽　宁	19012445	219508	6078704	1751669	30483	6333892	4598189
吉　林	8489233	174721	2950081	397347	678770	3937761	350553
黑龙江	5598005	67091	1776286	1281023	97255	1773606	602744
上　海	60773993	783962	29533224	981213		21918164	7557430
江　苏	143916094	2593080	74659153	1154815	52291	46531998	18924757
浙　江	133837142	1672615	42901968	4827952	1245668	34673594	48515345
安　徽	56142961	1743919	28745476	1521741	468016	15274503	8389306
福　建	46149151	3005925	26233520	2146919	658451	8865503	5238833
江　西	21326372	398922	9479640	1096964	525966	7602902	2221978
山　东	87573174	7118870	41488723	3728647	3161308	21213416	10862210
河　南	44325146	1738920	20432809	1485575	468666	16286688	3912488
湖　北	45219856	1505209	16107884	2035345	1736525	18158900	5675993
湖　南	42162699	1332690	16682505	4268995	4012613	12266723	3599173
广　东	181867905	8231942	68500789	8071864	9759285	49834872	37469153
广　西	20093081	593940	8114004	2075540	556667	8080842	672088
海　南	17180188	853870	7390000	1125612	447263	5006680	2356763
重　庆	28469100	1683221	17253900	1153961	1000	7882827	494191
四　川	73189852	2181720	41686393	17038299	135301	8396166	3751973
贵　州	13366201	284735	5722133	864106	374941	5348437	771849
云　南	19054583	353787	8588162	481292	2356736	4800906	2473700
西　藏	645425	2000	367154	25519	73472	138982	38298
陕　西	41400653	861749	20459588	2113767	3254522	5523216	9187811
甘　肃	10529370	145514	4950117	790533	1334471	3132588	176147
青　海	2164485	83694	1026149	171366	107099	750445	25732
宁　夏	6278661	353956	5143329	196304	119754	306007	159311
新　疆	13710044	205101	7419717	628948	841866	3926412	688000

2-23 各地区按登记注册统计类别分的房地产开发企业国内贷款

单位：万元

地 区	总 计	内 资	港澳台投资	外商投资
全国总计	**162125339**	**154401601**	**6687090**	**1036648**
北 京	7407803	6863549	544254	
天 津	2742430	2652809	37311	52310
河 北	2950184	2944184	5000	1000
山 西	660224	660224		
内蒙古	372211	372211		
辽 宁	1467206	1411508	26361	29337
吉 林	350007	350007		
黑龙江	425968	425968		
上 海	14699085	13202521	1187837	308727
江 苏	24010629	22928872	948443	133314
浙 江	19019943	18559467	355970	104506
安 徽	5223442	5207510	15932	
福 建	5072614	4992333	64421	15860
江 西	1903129	1877942	25187	
山 东	7965543	7524779	350714	90050
河 南	3676945	3676945		
湖 北	5458213	5304289	135314	18610
湖 南	5407200	4674920	732280	
广 东	28574323	27464189	951155	158979
广 西	1867414	1825599	41815	
海 南	3155759	2997736	158023	
重 庆	4644637	3914674	628712	101251
四 川	7031523	6751130	272584	7809
贵 州	786334	786334		
云 南	994646	925347	69299	
西 藏	38107	38107		
陕 西	4438867	4302389	136478	
甘 肃	488031	488031		
青 海	183243	168348		14895
宁 夏	552056	552056		
新 疆	557623	557623		

2-24　各地区按资质等级分的房地产开发企业国内贷款

单位：万元

地　区	总　计	一　级	二　级	三　级	四　级	暂　定	其　他
全国总计	**162125339**	**8341733**	**86143103**	**6594940**	**3549999**	**31612767**	**25882797**
北　京	7407803	399463	5343316	101459	476164	578991	508410
天　津	2742430	61049	2083655	42750	283342	69637	201997
河　北	2950184	112298	2150971	99885	154001	433029	
山　西	660224		414358	24861	104714	116291	
内蒙古	372211	17540	125973	23365	133051	72272	10
辽　宁	1467206	38814	293862	123638		595302	415590
吉　林	350007		94881	10945	45844	186327	12010
黑龙江	425968	18947	205139	75169	300	106128	20285
上　海	14699085	81869	7222861	242332		5035476	2116547
江　苏	24010629	697330	15802674	99359		3777802	3633464
浙　江	19019943	148750	7378131	911345	210749	3656394	6714574
安　徽	5223442	280122	3038736	141474	73780	983428	705902
福　建	5072614	1457418	2387640	212294	126422	540207	348633
江　西	1903129	80700	1125998	85483	27843	445292	137813
山　东	7965543	704091	4676518	183614	112949	1410405	877966
河　南	3676945	237822	1589676	145480	28112	1104684	571171
湖　北	5458213	404088	2301132	309419	20174	1951684	471716
湖　南	5407200	154039	2574199	994670	272934	1098871	312487
广　东	28574323	1805593	13512016	1000477	976355	4761287	6518595
广　西	1867414	62148	770919	54758	80924	806018	92647
海　南	3155759	502432	1365718	176116	26622	555617	529254
重　庆	4644637	132624	3207215	168170	500	1087143	48985
四　川	7031523	794721	4041523	1092704	32128	664758	405689
贵　州	786334	74750	381893	17829	2000	221054	88808
云　南	994646		341375	21265	32325	317813	281868
西　藏	38107		26063	2960	9084		
陕　西	4438867	4850	2576598	137511	213200	686791	819917
甘　肃	488031	8940	273482	22438	43217	139954	
青　海	183243	23396	83324	6000	19902	50621	
宁　夏	552056	36021	437335	27100	1800	32400	17400
新　疆	557623	1918	315922	40070	41563	127091	31059

2-25 各地区按登记注册统计类别分的房地产开发企业自筹资金

单位：万元

地 区	总 计	内 资	港澳台投资	外商投资
全国总计	**426986661**	**411830817**	**12546861**	**2608983**
北 京	12175821	11523147	232662	420012
天 津	6844670	6733832	80207	30631
河 北	13151267	13111360	31062	8845
山 西	6914787	6900131	4712	9944
内蒙古	3865441	3865441		
辽 宁	7799220	7369816	407574	21830
吉 林	4316523	4296579		19944
黑龙江	2242761	2230492	12269	
上 海	23760254	22077343	1415679	267232
江 苏	39054873	35216194	3356815	481864
浙 江	42672439	41607812	729150	335477
安 徽	16539408	16284614	254189	605
福 建	22897246	22572342	254400	70504
江 西	5750192	5666730	79115	4347
山 东	30596904	28995401	1266226	335277
河 南	22622371	22345479	262934	13958
湖 北	14726706	13974746	694651	57309
湖 南	14198667	13526374	669748	2545
广 东	59932856	57887178	1620241	425437
广 西	4958980	4934745	16071	8164
海 南	6038823	5935020	103488	315
重 庆	8431515	7961548	453818	16149
四 川	21689169	21349250	313603	26316
贵 州	3159145	3153645	5500	
云 南	5579899	5511612	18887	49400
西 藏	148566	148566		
陕 西	16523998	16260138	263860	
甘 肃	4518972	4518972		
青 海	544351	541473		2878
宁 夏	921777	921777		
新 疆	4409060	4409060		

2-26 各地区按资质等级分的房地产开发企业自筹资金

单位：万元

地区	总计	一级	二级	三级	四级	暂定	其他
全国总计	**426986661**	**10587882**	**200328131**	**21043246**	**15215549**	**107493564**	**72318289**
北京	12175821	177203	8783197	29409	1025228	986554	1174230
天津	6844670	2842	4147096	873935	1024277	256422	540098
河北	13151267	467830	6630350	1157693	1054537	3710432	130425
山西	6914787	79872	3775335	192442	750482	1820326	296330
内蒙古	3865441	43153	1675420	457086	872520	432340	384922
辽宁	7799220	61507	2943488	795890	13373	2261392	1723570
吉林	4316523	69550	1522586	249305	362077	1854505	258500
黑龙江	2242761	386	739792	543022	55077	710395	194089
上海	23760254	668098	12181882	142488		7430496	3337290
江苏	39054873	184967	20732337	504636	13790	12032105	5587038
浙江	42672439	421429	13431491	1475426	361479	9787454	17195160
安徽	16539408	370429	8952563	414183	97484	4143323	2561426
福建	22897246	594937	14569939	828404	241170	3038860	3623936
江西	5750192	45629	2656521	216848	152433	1987871	690890
山东	30596904	2388830	13431835	1740183	1285146	7354513	4396397
河南	22622371	635815	10270480	603031	308020	8724193	2080832
湖北	14726706	386513	4810515	900464	498477	5374548	2756189
湖南	14198667	414646	4429813	1203692	1124120	5499893	1526503
广东	59932856	2144731	23645948	1169141	2824102	15333776	14815158
广西	4958980	37631	2462378	695252	94087	1458741	210891
海南	6038823	97854	3509597	364558	100008	1254081	712725
重庆	8431515	422006	5576978	209423	500	2074327	148281
四川	21689169	459891	11893863	4807675	90093	2450078	1987569
贵州	3159145	2470	1455323	179563	87603	1272908	161278
云南	5579899	11497	2995787	85089	611178	1143190	733158
西藏	148566		47090	16668	35555	44332	4921
陕西	16523998	360936	6964437	646149	1216580	2584821	4751075
甘肃	4518972	15875	2226635	212161	662867	1305895	95539
青海	544351	3533	300628	67775	25442	139699	7274
宁夏	921777	8760	688510	63362	8563	52887	99695
新疆	4409060	9062	2876317	198293	219281	973207	132900

2-27 各地区按资质等级分的房地产开发企业利用外资

单位：万元

地 区	总 计	一 级	二 级	三 级	四 级	暂 定	其 他
全国总计	**431334**		**201322**	**46007**	**8628**	**105297**	**70080**
北 京							
天 津							
河 北							
山 西							
内蒙古							
辽 宁	8000		8000				
吉 林	2143			2143			
黑龙江							
上 海	15108					908	14200
江 苏	104665		616			75000	29049
浙 江	42320		42320				
安 徽	300					300	
福 建	19334			19334			
江 西	3334		3334				
山 东	2231		1400				831
河 南							
湖 北	28830		4200	24530		100	
湖 南							
广 东	178869		141452		8628	28789	
广 西							
海 南							
重 庆	200					200	
四 川							
贵 州							
云 南	26000						26000
西 藏							
陕 西							
甘 肃							
青 海							
宁 夏							
新 疆							

2-28　各地区按资质等级分的房地产开发企业定金及预收款

单位：万元

地　区	总　计	一　级	二　级	三　级	四　级	暂　定	其　他
全国总计	**436208968**	**15141294**	**196823332**	**24659891**	**19369809**	**123362370**	**56852272**
北　京	28491786	500364	21454659	358847	2123405	3254506	800005
天　津	13184215	317714	6543342	164245	2753396	1560934	1844584
河　北	13000256	515149	6602104	626887	1022062	4108070	125984
山　西	7736646	146163	3760371	159820	1004319	2523609	142364
内蒙古	5136623	174665	2332051	316493	1186645	769081	357688
辽　宁	6710233	41908	1961681	546745	12145	2345320	1802434
吉　林	1986262	45642	717818	85139	120545	964871	52247
黑龙江	1777085	29311	537302	427337	13945	493249	275941
上　海	17326833	33995	7951415	395861		7051534	1894028
江　苏	48210164	1156898	23292030	268013	13859	18132389	5346975
浙　江	47875094	682653	13447165	1551030	439914	14049766	17704566
安　徽	18241357	639085	9153902	502570	124811	5319456	2501533
福　建	11169149	860896	5626808	642287	176908	2965678	896572
江　西	6491060	153838	2757445	459437	158932	2292793	668615
山　东	29676632	2612716	14933488	1061792	1096307	7416260	2556069
河　南	10227955	537916	4592248	512882	59016	3798010	727883
湖　北	12385154	410672	4701261	344503	624109	5297465	1007144
湖　南	12306282	456469	5258073	1103881	1394423	3042087	1051349
广　东	60203513	3048182	18647783	4368729	3786459	19200610	11151750
广　西	6077014	242929	2140119	439705	142505	2900077	211679
海　南	6356896	139085	2068116	428922	243684	2461410	1015679
重　庆	8818737	667835	4932388	558251		2454986	205277
四　川	28913452	722976	16486966	7421757	8514	3333550	939689
贵　州	4000160	93665	1556883	313529	133519	1718100	184464
云　南	6713856	235805	2927555	149235	967764	1719315	714182
西　藏	165133	1600	77131	3830	17543	63315	1714
陕　西	11978399	258844	6564557	806358	1056122	1108677	2183841
甘　肃	3096225	70755	1277855	309854	318104	1069025	50632
青　海	858126	56765	380059	61862	48791	300006	10643
宁　夏	2165762	184505	1759790	50608	40126	108362	22371
新　疆	4928909	102294	2380967	219482	281937	1539859	404370

2-29 各地区按资质等级分的房地产开发企业个人按揭贷款

单位：万元

地区	总计	一级	二级	三级	四级	暂定	其他
全国总计	**217090226**	**6904922**	**101461834**	**11232446**	**9056826**	**65401881**	**23032317**
北京	5220640	26233	3750612	80062	161848	1081392	120493
天津	3212447	278770	1766352	27046	526671	266045	347563
河北	7829236	318199	4181473	338492	633459	2293899	63714
山西	4007647	124001	1937794	55476	623656	1178556	88164
内蒙古	2019889	36976	716845	99311	532683	522720	111354
辽宁	2625336	25218	789624	250043	4964	986057	569430
吉林	1387378	59529	414144	45683	59480	782652	25890
黑龙江	797286	11646	235352	184549	7613	285454	72672
上海	3202267		1669250	119910		1368378	44729
江苏	25837390	454972	12220008	90517	23042	9576824	3472027
浙江	19993953	408685	7442882	644976	150802	5824897	5521711
安徽	12301832	357229	6246082	213413	130197	3627413	1727498
福建	4845154	33658	2311815	323298	86381	1834802	255200
江西	6325976	109231	2705198	317358	142979	2470164	581046
山东	14959030	1354359	7185023	473547	550632	3968713	1426756
河南	6953857	282788	3681248	197032	51853	2316708	424228
湖北	9364312	242855	3418826	376435	503763	3911676	910757
湖南	8549189	303116	3876295	736453	1115981	1960074	557270
广东	27751593	989754	10912682	1240714	1684082	8919684	4004677
广西	5014269	217651	1798863	418315	87722	2354567	137151
海南	806489	56633	215059	74818	15927	427036	17016
重庆	5063852	423219	2772386	164810		1645216	58221
四川	14637060	172693	8850659	3421911	4566	1794452	392779
贵州	4710543	110920	2101403	294141	111337	1778369	314373
云南	4946037	81779	1908787	198646	646624	1488416	621785
西藏	288476	400	213833	2000	10491	30426	31326
陕西	6149449	181550	3245915	436976	587959	692787	1004262
甘肃	2204829	41616	1062942	221544	286031	583720	8976
青海	433935		175595	28955	11563	215172	2650
宁夏	2446643	124322	2126235	43585	49740	93463	9298
新疆	3204232	76920	1528652	112430	254780	1122149	109301

2-30　各地区按资质等级分的房地产开发企业其他到位资金

单位：万元

地　区	总　计	一　级	二　级	三　级	四　级	暂　定	其　他
全国总计	**54820421**	**1136036**	**20623681**	**3273596**	**3416658**	**18159639**	**8210811**
北　京	5196114	55467	2213325	64069	1149420	1426785	287048
天　津	1048755	34840	521442	49066	258767	145017	39623
河　北	1138586	6266	594651	43099	140383	339604	14583
山　西	584126	605	306625	20756	69003	176885	10252
内蒙古	295326	24544	78678	28256	55047	46091	62710
辽　宁	402450	52061	82049	35353	1	145821	87165
吉　林	446920		200652	4132	90824	149406	1906
黑龙江	354905	6801	58701	50946	20320	178380	39757
上　海	1770446		507816	80622		1031372	150636
江　苏	6698373	98913	2611488	192290	1600	2937878	856204
浙　江	4233393	11098	1159979	245175	82724	1355083	1379334
安　徽	3836622	97054	1354193	250101	41744	1200583	892947
福　建	2145654	59016	1337318	121302	27570	485956	114492
江　西	852681	9524	231144	17838	43779	406782	143614
山　东	4372834	58874	1260459	269511	116274	1063525	1604191
河　南	844018	44579	299157	27150	21665	343093	108374
湖　北	3256641	61081	871950	79994	90002	1623427	530187
湖　南	1701361	4420	544125	230299	105155	665798	151564
广　东	5226751	243682	1640908	292803	479659	1590726	978973
广　西	2175404	33581	941725	467510	151429	561439	19720
海　南	822221	57866	231510	81198	61022	308536	82089
重　庆	1510159	37537	764933	53307		620955	33427
四　川	918648	31439	413382	294252		153328	26247
贵　州	710019	2930	226631	59044	40482	358006	22926
云　南	794145	24706	414658	27057	98845	132172	96707
西　藏	5143		3037	61	799	909	337
陕　西	2309940	55569	1108081	86773	180661	450140	428716
甘　肃	221313	8328	109203	24536	24252	33994	21000
青　海	144830		86543	6774	1401	44947	5165
宁　夏	192423	348	131459	11649	19525	18895	10547
新　疆	610220	14907	317859	58673	44305	164106	10370

2-31 各地区按资质等级分的房地产开发企业各项应付款合计

单位：万元

地区	总计	一级	二级	三级	四级	暂定	其他
全国总计	**422859056**	**12990041**	**181197357**	**25851708**	**20530930**	**133941449**	**48347571**
北京	5817829	51767	3564178	70178	409520	1527105	195081
天津	7317949	409225	3414787	60515	1966300	767065	700057
河北	12435651	452206	6808475	719587	975856	3371401	108126
山西	6457733	96972	3313717	85243	787540	2074616	99645
内蒙古	4633906	115617	2227995	404282	938860	602163	344989
辽宁	7715000	42848	2647414	749977	10977	2233235	2030549
吉林	3658254	83081	1557285	184198	218366	1490086	125238
黑龙江	2016549		656978	460326	39206	585202	274837
上海	10883425	78899	4061081	424183		4806615	1512647
江苏	53495856	741009	25318894	481047	16177	21592515	5346214
浙江	34864234	413935	10155175	1804987	667625	9292748	12529764
安徽	18442617	484792	8267283	875165	240652	6616854	1957871
福建	12281418	243400	6675754	1114370	195964	3279173	772757
江西	8032897	125176	3377359	186089	242571	3399025	702677
山东	32230527	1754266	15847631	1491044	1403629	8936074	2797883
河南	15007735	682282	6776973	534322	92344	5847481	1074333
湖北	21285828	2429777	5791159	459911	1215109	9432163	1957709
湖南	14917972	340399	5253512	1470611	1552323	5565713	735414
广东	49003738	1665732	15696596	2558426	4390269	17295400	7397315
广西	10596697	268893	3938151	1565581	240039	4046200	537833
海南	6491130	240678	2437383	222284	300871	2382717	907197
重庆	13972315	619103	7788354	527925	1000	4768630	267303
四川	22017046	205487	11596366	6468758	80680	2783545	882210
贵州	5950625	56974	2509288	434367	254815	2174771	520410
云南	11209131	84980	5310716	334558	1378655	2872844	1227378
西藏	319751	1800	238945	6449	22650	45075	4832
陕西	15755248	1139226	7303143	1006069	1522678	1803967	2980165
甘肃	6740171	24971	3210888	658997	849423	1906988	88904
青海	1022697	5159	567405	160207	40301	220952	28673
宁夏	1820175	30381	1317528	105099	94701	210700	61766
新疆	6464952	101006	3566944	226953	381829	2010426	177794

第三章

房屋开竣工面积、商品房销售情况

3-1　各地区按用途分的房地产开发企业房屋施工面积

单位：平方米

地　区	房屋施工面积	住　宅	办公楼	商业营业用房	其　他
全国总计	**8401569210**	**5909890386**	**332071166**	**723394491**	**1436213167**
北　京	125313418	62567756	11971688	8252328	42521646
天　津	95871371	66514098	3423998	8942377	16990898
河　北	316971692	248041330	5054735	18203835	45671792
山　西	246012518	185341345	5133625	17215588	38321960
内蒙古	141699795	102024623	1653414	16455300	21566458
辽　宁	208450141	154076327	4629945	24273066	25470803
吉　林	105142686	74968953	4957643	12226723	12989367
黑龙江	90847936	66266489	1970585	11657671	10953191
上　海	176183651	81905332	25992102	16768578	51517639
江　苏	574147326	418234652	20263388	43096879	92552407
浙　江	559861792	340161197	29605903	45849140	144245552
安　徽	349537630	260960812	8502777	29620347	50453694
福　建	276956502	183995536	12687917	21281511	58991538
江　西	215948166	167280887	5082898	21875703	21708678
山　东	713098565	520322335	27132998	52027389	113615843
河　南	520644844	408918028	15670991	36809025	59246800
湖　北	315282097	234684588	14930523	24020559	41646427
湖　南	319587136	244371256	6332864	29525403	39357613
广　东	828991087	553012605	54391332	67152674	154434476
广　西	295550806	217060765	6477295	23069022	48943724
海　南	90980938	58962078	5667992	12124715	14226153
重　庆	204975674	135830603	4693874	21713234	42737963
四　川	477666266	319040726	20043597	38470916	100111027
贵　州	247804325	174307595	4413657	26993786	42089287
云　南	249839827	167659808	8630690	24659327	48890002
西　藏	6470033	4669356	183581	907589	709507
陕　西	285798592	204621952	14463980	23420594	43292066
甘　肃	121150977	88801953	2582696	9993131	19773197
青　海	31495875	22505116	726860	3606553	4657346
宁　夏	48613917	33850017	984897	5831520	7947483
新　疆	160673627	108932268	3812721	27350008	20578630

3-2 各地区按资质等级分的房地产开发企业房屋施工面积

单位：平方米

地 区	总 计	一 级	二 级	三 级	四 级	暂 定	其 他
全国总计	**8401569210**	**258294952**	**3117628904**	**700821437**	**586240462**	**2942405285**	**796178170**
北 京	125313418	3642272	69655520	3091074	24364204	17805308	6755040
天 津	95871371	4133412	31857657	2689441	33465444	11528440	12196977
河 北	316971692	15372545	131184375	24726187	40800257	98613879	6274449
山 西	246012518	4658382	117908280	8995048	48681056	62709808	3059944
内蒙古	141699795	4681506	48237494	13271088	43565165	22029605	9914937
辽 宁	208450141	2875742	59344608	29587276	700432	77309865	38632218
吉 林	105142686	962175	37146004	6369639	8005941	49492447	3166480
黑龙江	90847936	1401677	24614407	31425182	2719355	21424101	9263214
上 海	176183651	3029950	56940330	5071187		91481956	19660228
江 苏	574147326	14810634	236818787	4939243	267104	256106142	61205416
浙 江	559861792	7484139	138093179	36625895	11241658	202969141	163447780
安 徽	349537630	11674210	130437626	23710627	4235400	144634499	34845268
福 建	276956502	6765698	105183737	29515317	9008150	109865941	16617659
江 西	215948166	2059624	72320038	13903350	9932968	99684347	18047839
山 东	713098565	41392983	297564866	44288556	44086063	226450164	59315933
河 南	520644844	23507686	194501775	22540449	9561023	226009453	44524458
湖 北	315282097	13897359	88218328	14754181	19864133	151824347	26723749
湖 南	319587136	9349509	101330916	40221489	42740636	110101895	15842691
广 东	828991087	20629982	243254941	58032133	85642570	300168275	121263186
广 西	295550806	12244546	90249261	30734695	11202962	143668561	7450781
海 南	90980938	2587763	30299665	5125172	5766685	38177425	9024228
重 庆	204975674	11466912	106937932	11975305	122169	70812771	3660585
四 川	477666266	11770709	215591561	161675181	465785	68133046	20029984
贵 州	247804325	3234570	96963991	20699316	10696387	108924814	7285247
云 南	249839827	6707472	93886445	8394699	39761578	78255061	22834572
西 藏	6470033	116214	3465349	504654	818927	1466142	98747
陕 西	285798592	9388004	120734382	20059937	37394356	52137315	46084598
甘 肃	121150977	2573993	48945945	12712493	20384891	34842823	1690832
青 海	31495875	391601	14487806	2910423	2834337	10164094	707614
宁 夏	48613917	1808375	36029420	3240925	2065566	4522074	947557
新 疆	160673627	3675308	75424279	9031275	15845260	51091546	5605959

3-3　各地区按资质等级分的房地产开发企业住宅施工面积

单位：平方米

地　区	总　计	一　级	二　级	三　级	四　级	暂　定	其　他
全国总计	**5909890386**	**178658258**	**2202471887**	**484498371**	**408082730**	**2103088976**	**533090164**
北　京	62567756	1850175	35595025	1518149	11682009	8449382	3473016
天　津	66514098	3434222	21248080	1968032	22625188	8108620	9129956
河　北	248041330	11410529	102929306	19007835	32254116	77057763	5381781
山　西	185341345	3279254	90246382	6294098	35082543	47852576	2586492
内蒙古	102024623	3622247	34437074	9163123	30668000	16959952	7174227
辽　宁	154076327	2269377	43089324	22399653	484797	57422516	28410660
吉　林	74968953	717395	23744536	4863446	6031742	37250447	2361387
黑龙江	66266489	1202576	18236101	22132501	2224116	15593382	6877813
上　海	81905332	1346381	27945208	2140561		43955544	6517638
江　苏	418234652	9978291	171712582	3751844	256414	188677971	43857550
浙　江	340161197	5044398	86673472	21104512	7225126	122941555	97172134
安　徽	260960812	8594436	96635650	15923739	3440471	110001671	26364845
福　建	183995536	4658273	67168468	19817017	5256594	76391513	10703671
江　西	167280887	1624329	56077654	10405921	7643629	77043441	14485913
山　东	520322335	29972372	216804307	32938276	33099778	164940650	42566952
河　南	408918028	19057583	153281378	16682259	7621598	178437339	33837871
湖　北	234684588	9669601	66640382	11882180	15593558	110568060	20330807
湖　南	244371256	6921750	79228835	29915208	31442379	84414545	12448539
广　东	553012605	11422489	164377765	38211931	54236039	208724102	76040279
广　西	217060765	8762409	66082719	23246886	8577183	105118187	5273381
海　南	58962078	1088191	20524580	3482345	4552160	24058350	5256452
重　庆	135830603	6868946	70056530	8581070	83513	47943731	2296813
四　川	319040726	7332691	144315696	105769581	301350	48896447	12424961
贵　州	174307595	2270626	66189798	14229904	8062702	78657403	4897162
云　南	167659808	3840807	64453405	5707509	26120586	51570899	15966602
西　藏	4669356	63817	2772569	320060	611597	879976	21337
陕　西	204621952	6223171	88334871	13577685	25390296	39945407	31150522
甘　肃	88801953	1616435	36525346	8921282	14526648	25824418	1387824
青　海	22505116	358333	10256813	1901721	2105909	7593459	288881
宁　夏	33850017	1426097	25147358	2449574	1242965	2942747	641276
新　疆	108932268	2731057	51740673	6190469	9639724	34866923	3763422

3-4 各地区按用途分的房地产开发企业房屋新开工面积

单位：平方米

地 区	房屋新开工面积	住 宅	办公楼	商业营业用房	其 他
全国总计	**959579564**	**696691443**	**26197982**	**64934189**	**171755950**
北 京	12571435	7150647	732374	591536	4096878
天 津	10372803	7356310	152711	545848	2317934
河 北	49666628	39866360	440241	1735012	7625015
山 西	24994646	20130568	273678	1263158	3327242
内蒙古	16141679	12131125	213763	944851	2851940
辽 宁	15776781	12546997	173629	1034963	2021192
吉 林	9492371	7229294	96697	888489	1277891
黑龙江	7384275	6175506	46582	520218	641969
上 海	23881867	13709134	1956404	1245113	6971216
江 苏	82095066	57853626	2446580	5422857	16372003
浙 江	77185951	47647496	3564302	5433292	20540861
安 徽	51970222	38541752	1039421	3063208	9325841
福 建	35355794	23030460	1134121	2178596	9012617
江 西	26941497	21574271	686608	2188623	2491995
山 东	79375734	58013030	2445617	5323873	13593214
河 南	56296396	47882829	437138	3066633	4909796
湖 北	35962202	28327423	722705	2206293	4705781
湖 南	38830042	31156879	337290	2877617	4458256
广 东	68838269	47269521	3826873	5155431	12586444
广 西	18697099	14327507	143816	979432	3246344
海 南	10547194	7269034	550328	821748	1906084
重 庆	19747840	13627371	113670	1646418	4360381
四 川	58038200	38985401	2483172	4583893	11985734
贵 州	18093096	13312163	218571	1257048	3305314
云 南	21487455	15105163	391272	1867670	4123350
西 藏	442373	316435	7974	82204	35760
陕 西	42905810	32292289	1189773	2232127	7191621
甘 肃	15815528	12105637	107432	1212816	2389643
青 海	2328947	1956435	3336	160878	208298
宁 夏	7650936	6002091	7521	460151	1181173
新 疆	20691428	13798689	254383	3944193	2694163

3-5 各地区按资质等级分的房地产开发企业房屋新开工面积

单位：平方米

地区	总计	一级	二级	三级	四级	暂定	其他
全国总计	**959579564**	**23842614**	**547407777**	**50513519**	**34412668**	**188700064**	**114702922**
北京	12571435	493050	10413708	131288	329735	524105	679549
天津	10372803	209801	6354183	144257	1388850	481125	1794587
河北	49666628	1658376	32153575	3680809	3458562	8096357	618949
山西	24994646	350000	15485918	695242	2141001	5682239	640246
内蒙古	16141679	456184	9440690	1249565	2740251	719789	1535200
辽宁	15776781	86933	6978162	2166749	3060	3477339	3064538
吉林	9492371		4743818	868685	829184	2276751	773933
黑龙江	7384275		2533540	1781248	374171	1325752	1369564
上海	23881867	668914	15007845	280414		5878444	2046250
江苏	82095066	2210379	51272722	701523		17834457	10075985
浙江	77185951	1044961	30071198	3036390	853747	12767980	29411675
安徽	51970222	1657445	31897661	1157441	261336	9394702	7601637
福建	35355794	582733	23476138	1257278	349445	5845199	3845001
江西	26941497	537607	15569466	1184939	353409	6267234	3028842
山东	79375734	3374513	47145381	3611727	2688069	16257281	6298763
河南	56296396	2203384	32311184	1305584	647711	16068000	3760533
湖北	35962202	1479901	15629447	1149872	1652561	11973416	4077005
湖南	38830042	843618	17974452	3573876	3176386	9681689	3580021
广东	68838269	1298844	32331057	3048332	3443900	16373244	12342892
广西	18697099	512577	9651144	1098017	133868	6580225	721268
海南	10547194	17790	5664088	190802	534589	2325506	1814419
重庆	19747840	323439	14184975	587096	12685	4442746	196899
四川	58038200	1644136	36330603	11683212	35630	5817792	2526827
贵州	18093096	680661	11113755	778707	670695	4501827	347451
云南	21487455	21145	12424996	569763	1738622	3079052	3653877
西藏	442373		226353	46207		169813	
陕西	42905810	788530	25730199	2527708	2865879	4034326	6959168
甘肃	15815528	237374	9342437	1010344	2278033	2350428	596912
青海	2328947	169564	1581552	108620	126833	296044	46334
宁夏	7650936	127536	5952682	476724	293952	365844	434198
新疆	20691428	163219	14414848	411100	1030504	3811358	860399

3-6 各地区按资质等级分的房地产开发企业住宅新开工面积

单位：平方米

地 区	总 计	一 级	二 级	三 级	四 级	暂 定	其 他
全国总计	**696691443**	**16685666**	**400843390**	**35974307**	**25775508**	**138312428**	**79100144**
北 京	7150647	243298	6231330	100186	125120	220335	230378
天 津	7356310	179491	4338237	115984	1139715	330595	1252288
河 北	39866360	1358227	26012064	2691601	2795951	6483466	525051
山 西	20130568	320000	12161401	535611	1752629	4840055	520872
内蒙古	12131125	339703	7037956	933245	2085815	632931	1101475
辽 宁	12546997	84117	5439437	1845378	1650	2795182	2381233
吉 林	7229294		3755523	716646	627955	1527447	601723
黑龙江	6175506		2078059	1400630	318554	1158685	1219578
上 海	13709134	275910	9050718	205893		3120553	1056060
江 苏	57853626	1468913	36969009	556543		11838184	7020977
浙 江	47647496	618830	19765279	2047559	456669	7511242	17247917
安 徽	38541752	1100593	24018519	616909	237429	7067222	5501080
福 建	23030460	387773	15514463	540364	317328	3839550	2430982
江 西	21574271	408481	12304791	950535	294191	4978168	2638105
山 东	58013030	2697165	34639278	2377136	1993877	12088909	4216665
河 南	47882829	1817997	27419421	1052556	440989	14000087	3151779
湖 北	28327423	1102664	12591482	946262	1350130	9040272	3296613
湖 南	31156879	758822	14638875	2681091	2274667	7795467	3007957
广 东	47269521	777927	22337791	2136885	2473466	11345407	8198045
广 西	14327507	256744	7494271	847880	103377	5048529	576706
海 南	7269034	17100	4008492	163583	498504	1643966	937389
重 庆	13627371	188086	9628066	424496	7785	3280442	98496
四 川	38985401	860132	24569926	7728533	1999	3967172	1857639
贵 州	13312163	439455	8174152	584243	599801	3254322	260190
云 南	15105163		8624898	303638	1297052	2181123	2698452
西 藏	316435		155600	46207		114628	
陕 西	32292289	494365	19044311	1868544	2040096	3190747	5654226
甘 肃	12105637	120756	7135516	768057	1537985	2002559	540764
青 海	1956435	164885	1333687	90208	80809	261460	25386
宁 夏	6002091	105006	4689988	412307	217408	292402	284980
新 疆	13798689	99226	9680850	285597	704557	2461321	567138

3-7 各地区按用途分的房地产开发企业房屋竣工面积

单位：平方米

地区	房屋竣工面积				
		住宅	办公楼	商业营业用房	其他
全国总计	**1019990892**	**739734879**	**29919856**	**71555167**	**178780990**
北京	21124190	11648924	1661569	774184	7039513
天津	18644059	14621796	90877	827722	3103664
河北	34472253	27447474	322648	1588352	5113779
山西	23638468	18886188	138308	1365104	3248868
内蒙古	13095570	10108050	32314	911795	2043411
辽宁	22434530	17364694	398881	1866622	2804333
吉林	6889291	5222260	163632	932439	570960
黑龙江	8401369	6650324	209597	590058	951390
上海	21123487	11861945	2295599	1287558	5678385
江苏	89427627	66147371	2258845	6424994	14596417
浙江	100946343	64345625	3094327	6162259	27344132
安徽	57418426	42715383	1849292	3644376	9209375
福建	43105861	29426637	1543914	2618576	9516734
江西	19942456	15603457	422989	2122886	1793124
山东	89648664	66178694	2894157	5989085	14586728
河南	61931473	49549439	2015641	3599009	6767384
湖北	38658158	30962134	665172	2471745	4559107
湖南	43743177	33817453	686036	3850907	5388781
广东	82837152	55660341	4937811	6481843	15757157
广西	26505982	20491701	164537	1701985	4147759
海南	7517778	5244896	601415	777851	893616
重庆	33020201	22854610	749517	3072835	6343239
四川	43713226	29315937	1315267	3666334	9415688
贵州	15854105	11963555	108213	1468237	2314100
云南	33316809	24460773	505139	1941934	6408963
西藏	676070	411952	9193	168467	86458
陕西	21968228	16674910	387468	1270169	3635681
甘肃	12411851	9770131	197445	799086	1645189
青海	2698225	2001209	68261	202780	425975
宁夏	10484002	7882589	1341	919574	1680498
新疆	14341861	10444427	130451	2056401	1710582

3-8 各地区按资质等级分的房地产开发企业房屋竣工面积

单位：平方米

地 区	总 计	一 级	二 级	三 级	四 级	暂 定	其 他
全国总计	**1019990892**	**34945178**	**356982560**	**92471822**	**75438288**	**370049945**	**90103099**
北 京	21124190	467766	9969173	147165	5264837	4008748	1266501
天 津	18644059	975926	6324657	802924	7029794	2114002	1396756
河 北	34472253	2777361	13244265	2760366	4869379	9607661	1213221
山 西	23638468	594608	9807528	1009965	6136814	6020225	69328
内 蒙 古	13095570	419014	4285113	1348334	4053511	1601863	1387735
辽 宁	22434530	118031	6051407	2458667	243957	8514758	5047710
吉 林	6889291		2755522	311672	747783	2873997	200317
黑 龙 江	8401369		2592182	3291522	256405	1595538	665722
上 海	21123487		4536201	1271951		13640977	1674358
江 苏	89427627	1832367	33875777	1387330		46026161	6305992
浙 江	100946343	1464778	19622623	10946717	2845072	39812488	26254665
安 徽	57418426	2231879	19271170	5489751	746119	24223087	5456420
福 建	43105861	1283426	11797120	5196974	875905	20683110	3269326
江 西	19942456	214756	5387747	1520514	1555080	9688823	1575536
山 东	89648664	6673377	35488556	5370901	6278958	28717176	7119696
河 南	61931473	2849890	27076987	2431079	824688	25101330	3647499
湖 北	38658158	1380709	11438363	2054188	2643886	18932155	2208857
湖 南	43743177	811745	14594555	6267071	6297493	14488810	1283503
广 东	82837152	2101744	26112594	4726112	10364890	31190798	8341014
广 西	26505982	1289093	8186137	4486386	456439	11754966	332961
海 南	7517778	81245	2341177	212640	848987	2735183	1298546
重 庆	33020201	2432856	17246647	1800606	7785	10578266	954041
四 川	43713226	496565	17351449	19071972	76330	5100253	1616657
贵 州	15854105		6737026	1481788	429587	6649588	556116
云 南	33316809	1118331	11195300	1590782	5880830	10194692	3336874
西 藏	676070	25735	275154		195796	179385	
陕 西	21968228	1307554	8815783	2146113	2824557	3784890	3089331
甘 肃	12411851	474190	3526154	1643654	2006185	4761668	
青 海	2698225		1336794	364614	88766	749394	158657
宁 夏	10484002	834115	7901039	304600	419243	914779	110226
新 疆	14341861	688117	7838360	575464	1169212	3805174	265534

3-9　各地区按资质等级分的房地产开发企业住宅竣工面积

单位：平方米

地　区	总　计	一　级	二　级	三　级	四　级	暂　定	其　他
全国总计	**739734879**	**25180119**	**258515864**	**64649678**	**55462327**	**273190144**	**62736747**
北　京	11648924	292983	5303487		3060124	2349072	643258
天　津	14621796	797309	4377362	798157	5727249	1696362	1225357
河　北	27447474	1996727	10833344	2096185	3743946	7651084	1126188
山　西	18886188	493928	7868212	860459	4779190	4827844	56555
内蒙古	10108050	398280	3223659	1035194	3150288	1262845	1037784
辽　宁	17364694	108379	4494616	1916189	213130	6711772	3920608
吉　林	5222260		1835753	254171	658459	2321469	152408
黑龙江	6650324		2005926	2522384	209389	1280813	631812
上　海	11861945		2601759	658868		8052834	548484
江　苏	66147371	1280918	24794204	1159551		33789534	5123164
浙　江	64345625	956050	12647647	6305723	1705751	25781231	16949223
安　徽	42715383	1408701	14019161	3799102	574874	18562558	4350987
福　建	29426637	884775	7507504	3727048	570185	14520926	2216199
江　西	15603457	214756	4192346	1085916	1041827	7984315	1084297
山　东	66178694	4852118	26026836	4007639	4690293	21548607	5053201
河　南	49549439	2179712	21259580	1862857	674808	20695432	2877050
湖　北	30962134	1182569	9395483	1797077	2075803	14718320	1792882
湖　南	33817453	629832	11135285	4859488	4987268	11333949	871631
广　东	55660341	897075	17986713	2638385	6727406	22537248	4873514
广　西	20491701	1006589	6248257	3520626	403654	9082867	229708
海　南	5244896	57681	1481525	154940	766571	1932829	851350
重　庆	22854610	1869930	11689805	1225007	7785	7453753	608330
四　川	29315937	402885	11769980	12688508	43290	3266685	1144589
贵　州	11963555		5238658	1071030	300631	4867717	485519
云　南	24460773	816290	8156611	1243769	4281247	7674842	2288014
西　藏	411952	20751	142966		156009	92226	
陕　西	16674910	931758	6930249	1185806	2212501	3134729	2279867
甘　肃	9770131	333738	2770328	1283310	1518511	3864244	
青　海	2001209		1036640	207203	74353	596200	86813
宁　夏	7882589	649429	5883810	270927	330769	651847	95807
新　疆	10444427	516956	5658158	414159	777016	2945990	132148

3-10 各地区按用途分的房地产开发企业不可销售面积

单位：平方米

地 区	不可销售面积	住 宅	办公楼	商业营业用房	其 他
全国总计	**62094206**	**14621871**	**2709426**	**5356223**	**39406686**
北 京	2837171	724359	113760	144167	1854885
天 津	1341463	338610	7219	125440	870194
河 北	1364113	456736	7140	63350	836887
山 西	1728033	385744	24109	176636	1141544
内蒙古	579250	106242	2019	18722	452267
辽 宁	671329	95171	10589	120517	445052
吉 林	390557	171622	30718	51552	136665
黑龙江	980107	673564	49534	69008	188001
上 海	4423652	809727	795303	456211	2362411
江 苏	4302259	794917	101448	706223	2699671
浙 江	11722456	2079012	259766	939584	8444094
安 徽	2706745	864520	119170	339546	1383509
福 建	1813752	489896	1289	78137	1244430
江 西	576298	100166	164	76974	398994
山 东	3811255	1207237	109974	230995	2263049
河 南	2525640	575441	133453	79594	1737152
湖 北	1784106	314595	20721	51386	1397404
湖 南	1513029	309008	15736	117171	1071114
广 东	6419601	1498171	501687	381136	4038607
广 西	1300335	576298	12878	25553	685606
海 南	470218	149685	53244	38579	228710
重 庆	813967	162484	21032	452627	177824
四 川	1625851	464758	169253	86308	905532
贵 州	663317	166949	5168	39129	452071
云 南	1398563	293626	42179	47305	1015453
西 藏	14130	1387		143	12600
陕 西	1847316	426122	90191	140993	1190010
甘 肃	774917	210074	8141	40546	516156
青 海	55593	2358	1502	27900	23833
宁 夏	744866	29812	603	92028	622423
新 疆	894317	143580	1436	138763	610538

3-11　各地区按资质等级分的房地产开发企业不可销售面积

单位：平方米

地　区	总　计	一　级	二　级	三　级	四　级	暂　定	其　他
全国总计	**62094206**	**1068431**	**23850397**	**5517283**	**4696123**	**20512324**	**6449648**
北　京	2837171	13885	1524596	101829	502113	570345	124403
天　津	1341463		823866		357923	137569	22105
河　北	1364113	46884	739412	105839	28852	442366	760
山　西	1728033		858241	57461	473683	330725	7923
内蒙古	579250	38686	262420	86903	162779	25173	3289
辽　宁	671329	5650	147707	71615		313054	133303
吉　林	390557		101604	60234	19938	208781	
黑龙江	980107		319265	371863	5778	52505	230696
上　海	4423652		600753	297944		3139392	385563
江　苏	4302259	59808	2317431	30362		1671393	223265
浙　江	11722456	29925	2641784	1329752	792883	4514761	2413351
安　徽	2706745	31335	1464019	279824	22358	715184	194025
福　建	1813752	15665	370879	162311	3000	726063	535834
江　西	576298		105446	74905	119929	186371	89647
山　东	3811255	160243	2253273	222365	146686	836525	192163
河　南	2525640	113226	1370602	133709	19367	457747	430989
湖　北	1784106	69665	685742	12683	86960	816430	112626
湖　南	1513029	20241	385694	140297	271164	651977	43656
广　东	6419601	248402	2236280	318074	1171532	2020910	424403
广　西	1300335	33850	438331	287320	11106	483170	46558
海　南	470218		218618	4987	27501	128545	90567
重　庆	813967	39752	455112	46777		271966	360
四　川	1625851		693440	771964		160447	
贵　州	663317		216045	21189	33916	289259	102908
云　南	1398563		418971	9898	192465	544398	232831
西　藏	14130		143		670	13317	
陕　西	1847316	35526	859957	199592	86486	306243	359512
甘　肃	774917	61528	128618	218940	143596	222235	
青　海	55593		22542	16737	106	8879	7329
宁　夏	744866	44160	630788	835	4187	57973	6923
新　疆	894317		558818	81074	11145	208621	34659

3-12 各地区按资质等级分的房地产开发企业住宅竣工套数

单位：套

地区	总计	一级	二级	三级	四级	暂定	其他
全国总计	**6606549**	**220415**	**2219017**	**562401**	**468029**	**2379495**	**757192**
北京	113479	2852	51202		32807	18043	8575
天津	133526	7153	42468	4222	56008	14075	9600
河北	235905	17488	92288	18638	31803	66390	9298
山西	155035	4180	62622	7047	40808	39838	540
内蒙古	81733	3000	25762	9675	24930	9543	8823
辽宁	162195	1242	38048	19890	2561	64054	36400
吉林	48276		17084	2964	6585	20099	1544
黑龙江	65454		20833	24755	1689	12436	5741
上海	123857		26122	6611		85407	5717
江苏	548567	10406	205813	10271		279878	42199
浙江	762357	8172	108945	56434	13515	218860	356431
安徽	375560	13558	118093	35955	4469	167668	35817
福建	270801	9468	67098	35087	5358	131207	22583
江西	129493	638	35493	8867	8823	66197	9475
山东	558894	39873	212082	33398	37231	197272	39038
河南	419267	18650	171950	18314	5415	180527	24411
湖北	268090	11723	83972	15782	17205	122578	16830
湖南	260151	4977	86384	34013	37961	89648	7168
广东	492875	7037	158347	25546	50381	205999	45565
广西	170692	7143	53585	27499	3333	77135	1997
海南	51639	567	13151	1384	7017	21724	7796
重庆	229601	12653	128785	11633	80	69887	6563
四川	259230	3352	102278	110663	558	30587	11792
贵州	92788		39667	7934	2720	39451	3016
云南	203834	18508	65339	7722	35015	59137	18113
西藏	4054	154	1132		1561	1207	
陕西	143662	7278	65035	10440	16773	24419	19717
甘肃	83062	2291	23434	10765	14291	32281	
青海	19402		11662	1739	537	4870	594
宁夏	60171	4861	44969	2121	2297	5177	746
新疆	82899	3191	45374	3032	6298	23901	1103

3-13　各地区按用途分的房地产开发企业房屋竣工价值

单位：万元

地　区	房　屋 竣工价值	住　宅	办公楼	商业营业用房	其　他
全国总计	**423266434**	**314003316**	**18637342**	**32370904**	**58254872**
北　京	10142459	5860130	1036648	395723	2849958
天　津	6706893	5318891	42360	317005	1028637
河　北	12412725	10181193	122024	714230	1395278
山　西	6341939	5053729	42381	430754	815075
内蒙古	4627659	3554811	8165	375997	688686
辽　宁	8079186	6513551	111449	663143	791043
吉　林	2099907	1589101	85435	269108	156263
黑龙江	2621262	2074331	89260	193436	264235
上　海	14637536	7930463	2346668	1282550	3077855
江　苏	45177536	35633741	1327136	3141401	5075258
浙　江	52943529	38582543	1726799	3289964	9344223
安　徽	21139698	16017622	832941	1679840	2609295
福　建	17179429	12467031	602898	1064020	3045480
江　西	6540868	5123736	150045	810297	456790
山　东	33375696	24722569	1510432	2561055	4581640
河　南	17205290	13964516	620440	888342	1731992
湖　北	16342800	13173355	652097	1204608	1312740
湖　南	14687003	10832046	588360	1458331	1808266
广　东	48138175	33217318	4415775	4194804	6310278
广　西	9592846	7583553	43176	684306	1281811
海　南	4947056	3440238	449360	599166	458292
重　庆	15711479	12311461	614400	1208388	1577230
四　川	16657632	11776785	561562	1728517	2590768
贵　州	4451711	3340476	59252	536142	515841
云　南	10144283	7611083	188518	623209	1721473
西　藏	277962	179703	2114	67077	29068
陕　西	8110457	6109436	185401	569423	1246197
甘　肃	4763790	3798165	137907	335755	491963
青　海	1016402	774968	21172	129529	90733
宁　夏	3195669	2433658	415	342851	418745
新　疆	3997557	2833113	62752	611933	489759

3-14 各地区按资质等级分的房地产开发企业房屋竣工价值

单位：万元

地 区	总 计	一 级	二 级	三 级	四 级	暂 定	其 他
全国总计	**423266434**	**13043752**	**140458359**	**33378842**	**27351110**	**163999682**	**45034689**
北 京	10142459	202162	4339564	56299	2841606	1792262	910566
天 津	6706893	276147	2415703	328845	2501304	730392	454502
河 北	12412725	1046306	4593841	1072025	1757731	3642343	300479
山 西	6341939	147172	2655853	261819	1596535	1667498	13062
内蒙古	4627659	80057	1663408	351099	1461228	485955	585912
辽 宁	8079186	33605	2272409	650459	65682	3064386	1992645
吉 林	2099907		825038	109092	237049	852111	76617
黑龙江	2621262		785003	1010100	43051	577406	205702
上 海	14637536		2988547	890338		9011925	1746726
江 苏	45177536	546590	15530854	622626		25229798	3247668
浙 江	52943529	750129	9156573	5039825	1105167	22668607	14223228
安 徽	21139698	808074	6719209	1572793	265221	9676248	2098153
福 建	17179429	343515	5481665	1767712	284602	8000073	1301862
江 西	6540868	40618	1775498	558234	444578	3295408	426532
山 东	33375696	2314963	13217128	1496688	1996356	11086660	3263901
河 南	17205290	815159	7479554	599708	234263	7014732	1061874
湖 北	16342800	460870	5083307	645865	737792	8656997	757969
湖 南	14687003	242928	4644262	2295866	1629657	5611708	262582
广 东	48138175	1058378	14946381	2069697	4867561	17884025	7312133
广 西	9592846	495732	3016724	1463805	114846	4320800	180939
海 南	4947056	25392	1554026	80269	327546	1830406	1129417
重 庆	15711479	1831635	7804003	734267	1500	5054822	285252
四 川	16657632	208737	6631624	7160188	25810	2133782	497491
贵 州	4451711		2076453	349522	110510	1619393	295833
云 南	10144283	262890	3378037	439414	1849786	3304818	909338
西 藏	277962	33130	101326		80275	63231	
陕 西	8110457	352885	3139082	855079	1407402	1060131	1295878
甘 肃	4763790	221363	1023168	561121	853988	2104150	
青 海	1016402		537188	102932	26086	276196	74000
宁 夏	3195669	245257	2444354	83425	107675	265218	49740
新 疆	3997557	200058	2178577	149730	376303	1018201	74688

3-15 各地区按资质等级分的房地产开发企业住宅竣工价值

单位：万元

地区	总计	一级	二级	三级	四级	暂定	其他
全国总计	**314003316**	**9617677**	**104685231**	**22828547**	**19713394**	**125218178**	**31940289**
北京	5860130	127399	2467891		1734181	972569	558090
天津	5318891	226595	1632058	326523	2096590	638945	398180
河北	10181193	789131	3768631	844099	1426868	3076602	275862
山西	5053729	116870	2125244	214276	1263994	1323686	9659
内蒙古	3554811	72682	1249854	276872	1139923	384850	430630
辽宁	6513551	31444	1760844	500109	57382	2505711	1658061
吉林	1589101		599615	89943	207909	635975	55659
黑龙江	2074331		602235	771855	31811	468053	200377
上海	7930463		1867975	377547		5292334	392607
江苏	35633741	399218	11996970	452882		20022964	2761707
浙江	38582543	482857	6475310	3185445	768597	16864956	10805378
安徽	16017622	540746	4970109	1090386	218530	7651052	1546799
福建	12467031	253006	3887819	1335945	172911	5905052	912298
江西	5123736	40618	1492224	302367	287357	2698730	302440
山东	24722569	1772937	9925601	1100593	1555140	8312468	2055830
河南	13964516	644636	6046457	429789	188660	5847600	807374
湖北	13173355	365707	4418469	535186	598595	6678759	576639
湖南	10832046	185078	3446573	1275857	1282061	4450653	191824
广东	33217318	443915	10953496	1205741	2583504	13636474	4394188
广西	7583553	407949	2254831	1124165	101443	3541465	153700
海南	3440238	15041	1008506	64035	298515	1305947	748194
重庆	12311461	1565056	5973197	604480	1500	3937685	229543
四川	11776785	175639	4585801	5126952	14459	1500754	373180
贵州	3340476		1581286	241194	78600	1175392	264004
云南	7611083	207597	2498519	339944	1353990	2536505	674528
西藏	179703	26460	50531		69346	33366	
陕西	6109436	244924	2453883	337003	1186381	848778	1038467
甘肃	3798165	141487	800795	444697	648515	1762671	
青海	774968		426399	58596	21611	226009	42353
宁夏	2433658	189829	1838796	74003	84089	203495	43446
新疆	2833113	150856	1525312	98063	240932	778678	39272

3-16 各地区房地产开发企业建造的房屋面积和造价

地 区	房屋施工面积(平方米)	房屋竣工面积(平方米)	房屋建筑面积竣工率(%)	房屋竣工价值(万元)	房屋竣工造价(元/平方米)
全国总计	**8401569210**	**1019990892**	**12.1**	**423266434**	**4150**
北 京	125313418	21124190	16.9	10142459	4801
天 津	95871371	18644059	19.4	6706893	3597
河 北	316971692	34472253	10.9	12412725	3601
山 西	246012518	23638468	9.6	6341939	2683
内蒙古	141699795	13095570	9.2	4627659	3534
辽 宁	208450141	22434530	10.8	8079186	3601
吉 林	105142686	6889291	6.6	2099907	3048
黑龙江	90847936	8401369	9.2	2621262	3120
上 海	176183651	21123487	12.0	14637536	6930
江 苏	574147326	89427627	15.6	45177536	5052
浙 江	559861792	100946343	18.0	52943529	5245
安 徽	349537630	57418426	16.4	21139698	3682
福 建	276956502	43105861	15.6	17179429	3985
江 西	215948166	19942456	9.2	6540868	3280
山 东	713098565	89648664	12.6	33375696	3723
河 南	520644844	61931473	11.9	17205290	2778
湖 北	315282097	38658158	12.3	16342800	4228
湖 南	319587136	43743177	13.7	14687003	3358
广 东	828991087	82837152	10.0	48138175	5811
广 西	295550806	26505982	9.0	9592846	3619
海 南	90980938	7517778	8.3	4947056	6580
重 庆	204975674	33020201	16.1	15711479	4758
四 川	477666266	43713226	9.2	16657632	3811
贵 州	247804325	15854105	6.4	4451711	2808
云 南	249839827	33316809	13.3	10144283	3045
西 藏	6470033	676070	10.4	277962	4111
陕 西	285798592	21968228	7.7	8110457	3692
甘 肃	121150977	12411851	10.2	4763790	3838
青 海	31495875	2698225	8.6	1016402	3767
宁 夏	48613917	10484002	21.6	3195669	3048
新 疆	160673627	14341861	8.9	3997557	2787

3-17　各地区房地产开发企业建造的住宅面积和造价

地　区	住宅施工面积(平方米)	住宅竣工面积(平方米)	住宅建筑面积竣工率(%)	住宅竣工价值(万元)	住宅竣工造价(元/平方米)
全国总计	**5909890386**	**739734879**	**12.5**	**314003316**	**4245**
北　京	62567756	11648924	18.6	5860130	5031
天　津	66514098	14621796	22.0	5318891	3638
河　北	248041330	27447474	11.1	10181193	3709
山　西	185341345	18886188	10.2	5053729	2676
内蒙古	102024623	10108050	9.9	3554811	3517
辽　宁	154076327	17364694	11.3	6513551	3751
吉　林	74968953	5222260	7.0	1589101	3043
黑龙江	66266489	6650324	10.0	2074331	3119
上　海	81905332	11861945	14.5	7930463	6686
江　苏	418234652	66147371	15.8	35633741	5387
浙　江	340161197	64345625	18.9	38582543	5996
安　徽	260960812	42715383	16.4	16017622	3750
福　建	183995536	29426637	16.0	12467031	4237
江　西	167280887	15603457	9.3	5123736	3284
山　东	520322335	66178694	12.7	24722569	3736
河　南	408918028	49549439	12.1	13964516	2818
湖　北	234684588	30962134	13.2	13173355	4255
湖　南	244371256	33817453	13.8	10832046	3203
广　东	553012605	55660341	10.1	33217318	5968
广　西	217060765	20491701	9.4	7583553	3701
海　南	58962078	5244896	8.9	3440238	6559
重　庆	135830603	22854610	16.8	12311461	5387
四　川	319040726	29315937	9.2	11776785	4017
贵　州	174307595	11963555	6.9	3340476	2792
云　南	167659808	24460773	14.6	7611083	3112
西　藏	4669356	411952	8.8	179703	4362
陕　西	204621952	16674910	8.1	6109436	3664
甘　肃	88801953	9770131	11.0	3798165	3888
青　海	22505116	2001209	8.9	774968	3872
宁　夏	33850017	7882589	23.3	2433658	3087
新　疆	108932268	10444427	9.6	2833113	2713

3-18 各地区按用途分的房地产开发企业房屋出租面积

单位：平方米

地区	房屋出租面积	住宅	办公楼	商业营业用房	其他
全国总计	**32885893**	**3604791**	**11067758**	**12708743**	**5504601**
北京	2567749	321319	1024971	787170	434289
天津	897631	113326	401905	269983	112417
河北	28624	2544		21075	5005
山西	33411	382	2873	15194	14962
内蒙古	68057			68057	
辽宁	139655	2006	47647	83320	6682
吉林	11192		7587	3605	
黑龙江	497			497	
上海	18655694	1766399	7318675	6277457	3293163
江苏	772772	41871	167135	366514	197252
浙江	623392	16639	201754	323626	81373
安徽	381516	19635	72455	97636	191790
福建	676532	10507	110644	380784	174597
江西	135276	19856	55	115340	25
山东	616554	146374	120640	305506	44034
河南	25571		25400	171	
湖北	434937	128404	264919	41613	1
湖南	144685		26679	102814	15192
广东	3199009	836977	919815	902306	539911
广西	774985	136003	65156	543948	29878
海南	103829	8000	5434	77336	13059
重庆	707890		63586	603828	40476
四川	112774		46168	49441	17165
贵州	193996		915	106648	86433
云南	98565	153	24329	51843	22240
西藏	12224			7392	4832
陕西	211917	573	30368	99667	81309
甘肃	34541			9130	25411
青海	9156		553	8230	373
宁夏	807293	30614	79819	696860	
新疆	405969	3209	38276	291752	72732

3-19　各地区按资质等级分的房地产开发企业房屋出租面积

单位：平方米

地　区	总　计	一　级	二　级	三　级	四　级	暂　定	其　他
全国总计	**32885893**	**2746918**	**6969495**	**2347216**	**1738755**	**14386183**	**4697326**
北　京	2567749	33026	1201819	6850	455560	446857	423637
天　津	897631		348658	746	547550	677	
河　北	28624		3666			24958	
山　西	33411		30861		1179	1371	
内蒙古	68057		795	11126	55780		356
辽　宁	139655		47619	40791		45810	5435
吉　林	11192			9737		1455	
黑龙江	497					497	
上　海	18655694	2530138	1677184	695296	30058	11464476	2258542
江　苏	772772		176981			414171	181620
浙　江	623392		72647	207354	24954	211024	107413
安　徽	381516	11450	155621	36840		108330	69275
福　建	676532		100980	334374	70751	170228	199
江　西	135276		47096			88055	125
山　东	616554	28209	158061		73403	185599	171282
河　南	25571		25430			141	
湖　北	434937		13857	26542	1828	392710	
湖　南	144685		48856	8830	39731	47268	
广　东	3199009	3251	503387	594969	255144	511090	1331168
广　西	774985		641361	18877	127	81990	32630
海　南	103829		62949		15798	25082	
重　庆	707890		615694	28738		63358	100
四　川	112774		43154	59301		7894	2425
贵　州	193996		79631	69123	30021	15221	
云　南	98565		60162		37341	1062	
西　藏	12224		11878		69	277	
陕　西	211917		56476	143285	11781	375	
甘　肃	34541		162	27486	6372	521	
青　海	9156		9156				
宁　夏	807293	140844	519798	9517	78815	41035	17284
新　疆	405969		255556	17434	2493	34651	95835

3-20 各地区按资质等级分的房地产开发企业住宅出租面积

单位：平方米

地区	总计	一级	二级	三级	四级	暂定	其他
全国总计	**3604791**	**557084**	**600301**	**45562**	**89130**	**1100316**	**1212398**
北京	321319	425	91841		14451		214602
天津	113326		55216		58110		
河北	2544					2544	
山西	382		285		97		
内蒙古							
辽宁	2006		2006				
吉林							
黑龙江							
上海	1766399	556659	93075	31387	5596	877606	202076
江苏	41871		3078			28407	10386
浙江	16639					2320	14319
安徽	19635		10414	327		8822	72
福建	10507		5734		1773	3000	
江西	19856		19856				
山东	146374		16019			23270	107085
河南							
湖北	128404			4979		123425	
湖南							
广东	836977		141450	8869	8530	14988	663140
广西	136003		136003				
海南	8000					8000	
重庆							
四川							
贵州							
云南	153					153	
西藏							
陕西	573				573		
甘肃							
青海							
宁夏	30614		24021			6593	
新疆	3209		1303			1188	718

3-21　各地区按用途分的房地产开发企业新建商品房销售面积

单位：平方米

地　区	新建商品房销售面积	住　宅	办公楼	商业营业用房	其　他
全国总计	**1117616161**	**948188864**	**27153764**	**63596435**	**78677098**
北　京	11318170	8182508	756641	517874	1861147
天　津	11785072	11102536	70014	393119	219403
河　北	43385333	40854807	436902	1043733	1049891
山　西	23560487	22578836	57951	652490	271210
内蒙古	15439769	14265107	73991	859679	240992
辽　宁	20670233	18609886	131313	1323236	605798
吉　林	10473351	9778792	186715	393270	114574
黑龙江	8553193	7694298	61399	629385	168111
上　海	18117051	14569583	864268	551909	2131291
江　苏	110242500	90734047	3088747	7501341	8918365
浙　江	61070365	51133221	2979143	3899345	3058656
安　徽	46741411	42100322	864429	1777629	1999031
福　建	42249461	30720758	1536553	2446888	7545262
江　西	34176785	29015880	915031	2993569	1252305
山　东	112850079	94419746	3361819	6757678	8310836
河　南	69666361	65205589	1221259	2500941	738572
湖　北	52592218	45361061	1527056	3201679	2502422
湖　南	56264791	50935748	634730	3319788	1374525
广　东	95820058	76655477	3324105	5810505	10029971
广　西	28784113	23048113	367253	1709680	3659067
海　南	9058154	7800793	431781	488032	337548
重　庆	35572450	22580569	710996	3239572	9041313
四　川	80054767	63649839	1914275	4802627	9688026
贵　州	22146752	20284570	195428	1275650	391104
云　南	24885320	20992358	512037	1552303	1828622
西　藏	802496	687998	39004	75260	234
陕　西	27189447	24536156	603945	1011088	1038258
甘　肃	14981170	14282177	67063	507933	123997
青　海	2382691	2231331	49976	86968	14416
宁　夏	6910989	6373685	29118	480302	27884
新　疆	19871124	17803073	140822	1792962	134267

3-22 各地区按资质等级分的房地产开发企业新建商品房销售面积

单位：平方米

地 区	总 计	一 级	二 级	三 级	四 级	暂 定	其 他
全国总计	**1117616161**	**35259885**	**458952210**	**84270665**	**62608390**	**364135063**	**112389948**
北 京	11318170	267194	7117907	95138	1834497	1622081	381353
天 津	11785072	307811	4542345	264579	4103445	1162480	1404412
河 北	43385333	1736213	20878338	2876044	4285297	12933538	675903
山 西	23560487	703948	12359122	552376	3270952	6339911	334178
内蒙古	15439769	322584	5844300	1453656	4257043	2103904	1458282
辽 宁	20670233	521656	6246278	2812037	69320	6635527	4385415
吉 林	10473351	166037	3523397	743770	812185	4820856	407106
黑龙江	8553193	93934	2583429	2549788	364063	2180232	781747
上 海	18117051	241718	6729195	411668	5197	9229467	1499806
江 苏	110242500	2676954	46458902	1478352	55553	47046435	12526304
浙 江	61070365	1316482	16892053	2937978	1075942	18495114	20352796
安 徽	46741411	982325	19805424	2181266	732896	16288350	6751150
福 建	42249461	1850956	19605772	3199725	920770	13813824	2858414
江 西	34176785	250150	14377048	2224732	1385566	12806183	3133106
山 东	112850079	6801427	48334616	6947121	6746728	33929526	10090661
河 南	69666361	3167028	28208919	3048186	939286	27358268	6944674
湖 北	52592218	1544133	16110463	2303015	3489153	23622386	5523068
湖 南	56264791	1440498	21081605	5788513	6331153	17446929	4176093
广 东	95820058	2817112	29403059	5846426	9296007	34457816	13999638
广 西	28784113	1278328	10464737	2587559	761220	13006944	685325
海 南	9058154	360490	2845013	691803	590084	3489419	1081345
重 庆	35572450	1913185	18782847	2070897	12685	11899915	892921
四 川	80054767	2047222	40531940	23649046	70966	10576479	3179114
贵 州	22146752	379466	8923265	1681367	792263	9489558	880833
云 南	24885320	560175	10126655	1037316	3795516	7046938	2318720
西 藏	802496	4217	358855	36038	111539	198947	92900
陕 西	27189447	603335	13618811	2024671	2415412	4047500	4479718
甘 肃	14981170	162941	6420846	1271911	2238710	4737379	149383
青 海	2382691	36794	1096184	311305	102413	806112	29883
宁 夏	6910989	392146	5517333	276619	239710	399784	85397
新 疆	19871124	313426	10163552	917763	1502819	6143261	830303

3-23 各地区按用途分的房地产开发企业商品房现房销售面积

单位：平方米

地　区	现房销售面积	住　宅	办公楼	商业营业用房	其　他
全国总计	**252067622**	**177997876**	**11505571**	**27792176**	**34771999**
北　京	5039752	2766190	715703	445481	1112378
天　津	5068024	4583248	51242	221970	211564
河　北	5496176	4969313	40538	342593	143732
山　西	2704796	2357070	19306	205300	123120
内蒙古	3698214	3065850	46897	456125	129342
辽　宁	6759035	5777753	42486	676295	262501
吉　林	3627072	3360015	40591	185983	40483
黑龙江	3691205	3211032	44015	327870	108288
上　海	5456142	2804893	447519	437938	1765792
江　苏	31102080	22037165	1572742	3898473	3593700
浙　江	10696338	7021800	989127	1506562	1178849
安　徽	8126804	6258465	409878	879010	579451
福　建	9582047	5877145	674035	1001528	2029339
江　西	5961756	4060490	401524	1079716	420026
山　东	23364323	16968899	1216713	2807328	2371383
河　南	9949786	8576875	418419	653483	301009
湖　北	13797566	10699726	621579	1331757	1144504
湖　南	9004227	7267020	163424	1190748	383035
广　东	29654603	18776094	1630859	2722012	6525638
广　西	7316616	5042181	173771	752052	1348612
海　南	4111462	3641077	177896	160609	131880
重　庆	12524428	4398946	514823	2051452	5559207
四　川	11529625	6426308	324072	1405661	3373584
贵　州	3868090	2947158	122678	541909	256345
云　南	8140261	5845957	382609	795688	1116007
西　藏	258350	192860	22903	42587	
陕　西	3252176	2263566	97266	434882	456462
甘　肃	3127387	2884125	4164	193533	45565
青　海	289177	235902	23554	28799	922
宁　夏	1318704	936323	26068	340788	15525
新　疆	3551400	2744430	89170	674044	43756

3-24 各地区按资质等级分的房地产开发企业商品房现房销售面积

单位：平方米

地 区	总 计	一 级	二 级	三 级	四 级	暂 定	其 他
全国总计	**252067622**	**9383434**	**83169048**	**26213889**	**23784192**	**88809704**	**20707355**
北 京	5039752	193283	2298419	29553	1580155	827769	110573
天 津	5068024	63814	1455766	195938	2739744	311726	301036
河 北	5496176	381005	2412504	496904	483016	1616769	105978
山 西	2704796	101261	1226990	88724	606855	678903	2063
内蒙古	3698214	129994	909662	556765	1272578	414444	414771
辽 宁	6759035	355761	1531625	1136897	36078	2479995	1218679
吉 林	3627072	30968	1481503	165352	430260	1454956	64033
黑龙江	3691205	90486	1030639	1385582	224603	750943	208952
上 海	5456142	35966	1229592	297034	5197	3567623	320730
江 苏	31102080	881208	11913853	760634	27649	13928758	3589978
浙 江	10696338	501865	2890184	929816	554725	3490571	2329177
安 徽	8126804	143895	2163369	957688	303453	3726700	831699
福 建	9582047	571388	2421107	1268692	504338	4507225	309297
江 西	5961756	22534	1916322	627087	615417	2367990	412406
山 东	23364323	1468836	8225911	2023670	2141216	7647285	1857405
河 南	9949786	398972	3165630	895620	140830	3753211	1595523
湖 北	13797566	481708	3245509	716945	1715567	6565392	1072445
湖 南	9004227	236935	3234384	1560754	1291968	2352388	327798
广 东	29654603	1196384	6733337	3074859	4788375	11006012	2855636
广 西	7316616	378907	2216900	939700	260029	3351084	169996
海 南	4111462	84132	1404588	236137	219553	1661837	505215
重 庆	12524428	923965	6601622	839318	7785	3843791	307947
四 川	11529625	236547	4632120	4785392	8550	1444441	422575
贵 州	3868090	15162	1253514	398021	329137	1818535	53721
云 南	8140261	319775	2553877	331759	1770434	2507743	656673
西 藏	258350	4217	135024	18511	28666	65184	6748
陕 西	3252176	58992	1201660	630752	465816	371653	523303
甘 肃	3127387	1115	819164	421316	646691	1226388	12713
青 海	289177		107159	97193	36426	43114	5285
宁 夏	1318704	45407	977149	77521	86514	107352	24761
新 疆	3551400	28952	1779965	269755	462567	919922	90239

3-25 各地区按用途分的房地产开发企业商品房期房销售面积

单位：平方米

地 区	期房销售面积	住 宅	办公楼	商业营业用房	其 他
全国总计	**865548539**	**770190988**	**15648193**	**35804259**	**43905099**
北 京	6278418	5416318	40938	72393	748769
天 津	6717048	6519288	18772	171149	7839
河 北	37889157	35885494	396364	701140	906159
山 西	20855691	20221766	38645	447190	148090
内蒙古	11741555	11199257	27094	403554	111650
辽 宁	13911198	12832133	88827	646941	343297
吉 林	6846279	6418777	146124	207287	74091
黑龙江	4861988	4483266	17384	301515	59823
上 海	12660909	11764690	416749	113971	365499
江 苏	79140420	68696882	1516005	3602868	5324665
浙 江	50374027	44111421	1990016	2392783	1879807
安 徽	38614607	35841857	454551	898619	1419580
福 建	32667414	24843613	862518	1445360	5515923
江 西	28215029	24955390	513507	1913853	832279
山 东	89485756	77450847	2145106	3950350	5939453
河 南	59716575	56628714	802840	1847458	437563
湖 北	38794652	34661335	905477	1869922	1357918
湖 南	47260564	43668728	471306	2129040	991490
广 东	66165455	57879383	1693246	3088493	3504333
广 西	21467497	18005932	193482	957628	2310455
海 南	4946692	4159716	253885	327423	205668
重 庆	23048022	18181623	196173	1188120	3482106
四 川	68525142	57223531	1590203	3396966	6314442
贵 州	18278662	17337412	72750	733741	134759
云 南	16745059	15146401	129428	756615	712615
西 藏	544146	495138	16101	32673	234
陕 西	23937271	22272590	506679	576206	581796
甘 肃	11853783	11398052	62899	314400	78432
青 海	2093514	1995429	26422	58169	13494
宁 夏	5592285	5437362	3050	139514	12359
新 疆	16319724	15058643	51652	1118918	90511

3-26 各地区按资质等级分的房地产开发企业商品房期房销售面积

单位：平方米

地区	总计	一级	二级	三级	四级	暂定	其他
全国总计	**865548539**	**25876451**	**375783162**	**58056776**	**38824198**	**275325359**	**91682593**
北京	6278418	73911	4819488	65585	254342	794312	270780
天津	6717048	243997	3086579	68641	1363701	850754	1103376
河北	37889157	1355208	18465834	2379140	3802281	11316769	569925
山西	20855691	602687	11132132	463652	2664097	5661008	332115
内蒙古	11741555	192590	4934638	896891	2984465	1689460	1043511
辽宁	13911198	165895	4714653	1675140	33242	4155532	3166736
吉林	6846279	135069	2041894	578418	381925	3365900	343073
黑龙江	4861988	3448	1552790	1164206	139460	1429289	572795
上海	12660909	205752	5499603	114634		5661844	1179076
江苏	79140420	1795746	34545049	717718	27904	33117677	8936326
浙江	50374027	814617	14001869	2008162	521217	15004543	18023619
安徽	38614607	838430	17642055	1223578	429443	12561650	5919451
福建	32667414	1279568	17184665	1931033	416432	9306599	2549117
江西	28215029	227616	12460726	1597645	770149	10438193	2720700
山东	89485756	5332591	40108705	4923451	4605512	26282241	8233256
河南	59716575	2768056	25043289	2152566	798456	23605057	5349151
湖北	38794652	1062425	12864954	1586070	1773586	17056994	4450623
湖南	47260564	1203563	17847221	4227759	5039185	15094541	3848295
广东	66165455	1620728	22669722	2771567	4507632	23451804	11144002
广西	21467497	899421	8247837	1647859	501191	9655860	515329
海南	4946692	276358	1440425	455666	370531	1827582	576130
重庆	23048022	989220	12181225	1231579	4900	8056124	584974
四川	68525142	1810675	35899820	18863654	62416	9132038	2756539
贵州	18278662	364304	7669751	1283346	463126	7671023	827112
云南	16745059	240400	7572778	705557	2025082	4539195	1662047
西藏	544146		223831	17527	82873	133763	86152
陕西	23937271	544343	12417151	1393919	1949596	3675847	3956415
甘肃	11853783	161826	5601682	850595	1592019	3510991	136670
青海	2093514	36794	989025	214112	65987	762998	24598
宁夏	5592285	346739	4540184	199098	153196	292432	60636
新疆	16319724	284474	8383587	648008	1040252	5223339	740064

3-27　各地区按资质等级分的房地产开发企业商品住宅销售面积

单位：平方米

地　区	总　计	一　级	二　级	三　级	四　级	暂　定	其　他
全国总计	**948188864**	**28503408**	**398076960**	**68102988**	**52322327**	**304551153**	**96632028**
北　京	8182508	138185	5439204	78891	1371876	891791	262561
天　津	11102536	307811	4287458	255373	3739699	1144227	1367968
河　北	40854807	1659541	19888265	2639053	4017613	12027996	622339
山　西	22578836	686394	11885443	529431	3061026	6084057	332485
内蒙古	14265107	316395	5467557	1321158	3875176	1967153	1317668
辽　宁	18609886	513118	5772041	2579542	63287	5829363	3852535
吉　林	9778792	148203	3361134	687515	777167	4472841	331932
黑龙江	7694298	93005	2341212	2269226	337184	2038654	615017
上　海	14569583	226154	5946520	247749		6924377	1224783
江　苏	90734047	2257434	39324482	1194947	27851	38077237	9852096
浙　江	51133221	1065269	14766881	2095709	805142	14802676	17597544
安　徽	42100322	843359	18133682	1834724	648306	14442412	6197839
福　建	30720758	1343830	14269896	2034662	536214	10197128	2339028
江　西	29015880	236140	12592889	1708704	957138	10778153	2742856
山　东	94419746	5658155	41198727	5853317	5468024	27598015	8643508
河　南	65205589	3038865	26564178	2711805	856642	25496028	6538071
湖　北	45361061	1181521	14306965	1955301	2999281	19894791	5023202
湖　南	50935748	1318874	19518040	5176174	5508686	15517404	3896570
广　东	76655477	1860754	24743277	4539617	6441903	27576295	11493631
广　西	23048113	826796	8443208	2193517	623769	10372627	588196
海　南	7800793	307584	2564477	616801	507740	2945219	858972
重　庆	22580569	873591	12038940	1351599	7785	7736696	571958
四　川	63649839	1440169	33634471	17482158	56456	8312599	2723986
贵　州	20284570	371779	8295769	1485944	723068	8582089	825921
云　南	20992358	406094	8862773	959096	3051070	5691960	2021365
西　藏	687998	3013	322194	33454	98279	140038	91020
陕　西	24536156	563053	12545925	1770797	2124960	3804486	3726935
甘　肃	14282177	129851	6160879	1220535	2087860	4550038	133014
青　海	2231331	36794	1069255	270120	95776	732970	26416
宁　夏	6373685	366362	5119210	242497	206483	364834	74299
新　疆	17803073	285315	9212008	763572	1246866	5556999	738313

3-28 各地区按资质等级分的房地产开发企业90平方米及以下住宅销售面积

单位：平方米

地区	总计	一级	二级	三级	四级	暂定	其他
全国总计	**81669532**	**1715660**	**33012962**	**7346499**	**4212074**	**26611272**	**8771065**
北京	2435103	41357	1327031	36098	746643	259552	24422
天津	1748565	50551	797106	87424	405659	142334	265491
河北	2741989	206714	1302475	167677	200392	855048	9683
山西	1803484	15638	1384457	1908	162707	168654	70120
内蒙古	858413	2373	198113	103434	218691	147081	188721
辽宁	2528403	1500	857678	290164	12630	747735	618696
吉林	1536273	51898	483411	112792	169636	690431	28105
黑龙江	1476021		306625	463956	89485	491337	124618
上海	4145000	59916	1353783	62355		2460571	208375
江苏	6037046	50653	2252575	118531	2460	3033891	578936
浙江	4742364	108843	1472667	235063	45191	1109570	1771030
安徽	2422704	13204	1099607	37924	28423	658859	584687
福建	4465238	120732	2067120	363092	57101	1558948	298245
江西	1097146	27984	434980	63749	10692	477827	81914
山东	2947030	16090	1524083	227868	238682	780095	160212
河南	6398579	404099	1985026	415468	30963	2721560	841463
湖北	2447837	20800	816213	247455	126455	983710	253204
湖南	1364221	19308	509821	177057	141376	427651	89008
广东	9463097	203981	3240611	445117	579075	3338382	1655931
广西	2136426	30801	893923	204111	30255	885565	91771
海南	849040	23234	220449	46182	146958	369298	42919
重庆	3574466	28995	1971764	287816	2356	1205238	78297
四川	8661960	138479	4380914	2756558	3058	1037933	345018
贵州	1023662	4069	321362	168473	29753	479972	20033
云南	2152849	9351	715011	53453	425067	684170	265797
西藏	82236	865	34045	14571	18092	7832	6831
陕西	972784	774	439304	52690	89118	342315	48583
甘肃	638156	1635	167947	44146	159560	263883	985
青海	98416		43636	15989	2437	35206	1148
宁夏	100942	14283	83822	1753		926	158
新疆	720082	47533	327403	43625	39159	245698	16664

3-29　各地区按资质等级分的房地产开发企业144平方米以上住宅销售面积

单位：平方米

地　　区	总　计	一　级	二　级	三　级	四　级	暂　定	其　他
全国总计	**106718184**	**4255642**	**47894704**	**7129981**	**6689390**	**29972791**	**10775676**
北　　京	1368311	18677	937948	11942	181882	217024	838
天　　津	681251	768	347996	17011	159728	73178	82570
河　　北	3477851	137727	1571658	121202	157615	1446567	43082
山　　西	2385395	51101	1289486	68956	447025	495410	33417
内 蒙 古	3029287	90605	1236179	218628	821010	492370	170495
辽　　宁	1217823	25417	404810	219056	8172	456278	104090
吉　　林	858097	1104	309894	70566	49334	405644	21555
黑 龙 江	559619	147	153837	225595	11435	100320	68285
上　　海	1685401	48344	736322	50123		717595	133017
江　　苏	8866468	153430	4330415	94685	2442	3491761	793735
浙　　江	8889233	372466	2690856	247149	274830	2117089	3186843
安　　徽	1780505	78162	945932	62311	13931	394960	285209
福　　建	3304429	15722	1747436	560439	160449	630787	189596
江　　西	2858032	1752	1261844	188650	91870	1204074	109842
山　　东	14122518	1266531	6568308	967592	812843	3611437	895807
河　　南	7923791	54730	3495849	191998	159658	3530455	491101
湖　　北	3111393	105465	1468565	75262	152188	837778	472135
湖　　南	7694614	360949	3154497	418631	1006871	2005748	747918
广　　东	8134965	239893	2529951	846060	851350	2429169	1238542
广　　西	2389675	155509	930696	219169	48679	944464	91158
海　　南	902271	241349	400828	10517	17590	206649	25338
重　　庆	1556420	119131	995865	49149	5429	380400	6446
四　　川	5808134	207310	3490561	1246779	20390	560288	282806
贵　　州	1908763	77497	884054	80773	28677	796647	41115
云　　南	4869455	163253	1886461	301152	710369	1237463	570757
西　　藏	253307	2148	161700	6025	6147	33905	43382
陕　　西	3529347	139754	1930912	315578	213120	304174	625809
甘　　肃	840133	24179	303105	54014	141471	317121	243
青　　海	285060		139960	56448	9381	75561	3710
宁　　夏	705292	24905	613640	5984	17520	36360	6883
新　　疆	1721344	77617	975139	128537	107984	422115	9952

3-30 各地区按资质等级分的房地产开发企业办公楼销售面积

单位：平方米

地区	总计	一级	二级	三级	四级	暂定	其他
全国总计	**27153764**	**1011338**	**9162382**	**2408223**	**1629755**	**9553843**	**3388223**
北京	756641	14233	292117	8153	187992	179990	74156
天津	70014		9173		38550	1690	20601
河北	436902		147541	22932	36799	229630	
山西	57951		46182	1992	6830	2506	441
内蒙古	73991		25524		47338		1129
辽宁	131313		7881	3368		100582	19482
吉林	186715		48077		809	97013	40816
黑龙江	61399		16695	35603		5054	4047
上海	864268	10494	283632	52699		406017	111426
江苏	3088747	126996	1105806	16816	212	1253857	585060
浙江	2979143	16688	379773	279424	30276	1467664	805318
安徽	864429	47123	242047	42335	967	493895	38062
福建	1536553	48934	482116	221624	217093	532775	34011
江西	915031		305888	126282	16742	443662	22457
山东	3361819	191333	1483460	91763	123155	1308637	163471
河南	1221259	13878	517433	194105		306463	189380
湖北	1527056	27493	446029	62139	24957	772289	194149
湖南	634730	11412	149101	143190	114591	188422	28014
广东	3324105	307805	872543	121450	488224	847324	686759
广西	367253	10657	214663	18122	10054	110600	3157
海南	431781	6670	66387	4874	1120	244538	108192
重庆	710996	56119	553858	46823		43867	10329
四川	1914275	19755	925540	806171	6287	115812	40710
贵州	195428		50277	36583		108568	
云南	512037	72215	191943		87152	123205	37522
西藏	39004		3403			35601	
陕西	603945	15681	203687	48055	135985	42206	158331
甘肃	67063	6836	26581		17226	16420	
青海	49976		6126	18495		22789	2566
宁夏	29118	7016	17581	966		3555	
新疆	140822		41318	4259	37396	49212	8637

3-31　各地区按资质等级分的房地产开发企业商业营业用房销售面积

单位：平方米

地　区	总　计	一　级	二　级	三　级	四　级	暂　定	其　他
全国总计	**63596435**	**1719343**	**22163907**	**6098242**	**4522594**	**22729193**	**6363156**
北　京	517874	10343	301986	509	48372	155699	965
天　津	393119		194177	8551	162875	13925	13591
河　北	1043733	47414	388026	126823	63628	406353	11489
山　西	652490	13195	295856	20953	172430	148804	1252
内蒙古	859679	3330	302883	97306	257968	98081	100111
辽　宁	1323236	5753	335360	178059	4035	500049	299980
吉　林	393270	7044	105073	45302	27912	193346	14593
黑龙江	629385	256	186388	177386	13811	95513	156031
上　海	551909	4279	112582	34129	4631	349238	47050
江　苏	7501341	80094	2794099	206942	24590	3457016	938600
浙　江	3899345	62213	853477	268095	150772	1366216	1198572
安　徽	1777629	50566	644984	165514	46360	682945	187260
福　建	2446888	18479	964902	341029	79582	912195	130701
江　西	2993569	7085	1086085	232218	302647	1055149	310385
山　东	6757678	251470	2442332	415150	566922	2355529	726275
河　南	2500941	94452	779491	116995	37033	1288498	184472
湖　北	3201679	102471	744663	123127	355738	1640708	234972
湖　南	3319788	80105	835500	357877	491290	1338230	216786
广　东	5810505	243772	1507907	401619	713476	2083866	859865
广　西	1709680	60340	567770	170202	79268	793426	38674
海　南	488032	9765	118984	6642	79522	185423	87696
重　庆	3239572	355085	1569555	145071		1009357	160504
四　川	4802627	120058	1980746	1983204	2278	621238	95103
贵　州	1275650	1567	490033	118257	54458	565358	45977
云　南	1552303	28352	525756	35599	304564	567372	90660
西　藏	75260	1204	33258	2584	13026	23308	1880
陕　西	1011088	8664	594445	78698	112912	98212	118157
甘　肃	507933	26254	161461	50174	107772	145903	16369
青　海	86968		19804	19706	6538	40019	901
宁　夏	480302	16584	356332	33156	33083	30049	11098
新　疆	1792962	9149	869992	137365	205101	508168	63187

3-32 各地区按用途分的房地产开发企业新建商品房销售额

单位：万元

地区	新建商品房销售额	住宅	办公楼	商业营业用房	其他
全国总计	**1166609016**	**1030131854**	**37421097**	**66283144**	**32772921**
北京	42551007	38280031	1786898	796412	1687666
天津	18958708	18123743	90982	538249	205734
河北	35487811	33834436	217053	999178	437144
山西	15972952	15140623	38423	682778	111128
内蒙古	10198284	9279283	60835	724194	133972
辽宁	15556631	14023495	136340	1161172	235624
吉林	7250484	6659705	225648	320127	45004
黑龙江	5533940	4874354	65885	509121	84580
上海	72776948	67016431	3007976	1383942	1368599
江苏	126902917	112687575	3375716	7373437	3466189
浙江	115096898	101527846	5394275	5633053	2541724
安徽	38722507	35615128	755103	1744188	608088
福建	46539868	38053749	1646054	2866385	3973680
江西	24693837	20917007	743692	2506668	526470
山东	95300119	81635644	3776848	6667053	3220574
河南	45475159	42105485	1240446	1838600	290628
湖北	46167336	39712709	1985499	3298865	1170263
湖南	36888648	32919202	705859	2727669	535918
广东	151030504	129764634	7252762	8650036	5363072
广西	16669344	14204800	267720	1443854	752970
海南	15009856	12975682	784413	1004330	245431
重庆	24503221	19323683	599054	2493430	2087054
四川	71737725	62899444	1746613	4766368	2325300
贵州	12518215	11237911	138172	1056300	85832
云南	17004173	14839447	380856	1281423	502447
西藏	671898	554595	25802	91419	82
陕西	29783162	27256258	740177	1145002	641725
甘肃	9021530	8470324	60840	454957	35409
青海	1679588	1555659	37055	82768	4106
宁夏	4800439	4416573	18909	360363	4594
新疆	12105307	10226398	115192	1681803	81914

3-33　各地区按资质等级分的房地产开发企业新建商品房销售额

单位：万元

地　区	总　计	一　级	二　级	三　级	四　级	暂　定	其　他
全国总计	**1166609016**	**37353537**	**507979600**	**66591996**	**50030047**	**349971941**	**154681895**
北　京	42551007	632740	30273164	555433	4268619	4549243	2271808
天　津	18958708	455196	9179638	278125	4604968	2036301	2404480
河　北	35487811	1632341	17534001	2015252	3011916	10783537	510764
山　西	15972952	398142	8321038	313330	2221719	4479920	238803
内蒙古	10198284	257557	4063608	843532	2571071	1540040	922476
辽　宁	15556631	277642	4578478	1662691	29621	5148227	3859972
吉　林	7250484	150430	2496922	440682	471540	3484793	206117
黑龙江	5533940	63899	1643715	1517399	125001	1574494	609432
上　海	72776948	1342607	33369259	989689	11451	31146246	5917696
江　苏	126902917	2815057	60393567	1040333	51113	47443261	15159586
浙　江	115096898	2082332	33095137	4282683	1202860	32492945	41940941
安　徽	38722507	1009124	19239961	1268968	409543	11150406	5644505
福　建	46539868	2222174	23691213	2427562	885920	12752458	4560541
江　西	24693837	266615	10746240	1650365	938595	8960021	2132001
山　东	95300119	6133803	43087799	5094261	4273528	27094290	9616438
河　南	45475159	2170682	18921337	1714825	465436	18123803	4079076
湖　北	46167336	1545986	16019376	1668824	1775584	20336184	4821382
湖　南	36888648	1245289	14407535	3328227	4097993	10786658	3022946
广　东	151030504	6190741	50440387	8560627	9745583	45470484	30622682
广　西	16669344	729287	6168322	1396226	405635	7417194	552680
海　南	15009856	554556	4875585	966792	747570	5718427	2146926
重　庆	24503221	1512353	13372878	1136874	2500	7903906	574710
四　川	71737725	1484322	40275901	18464153	120907	7950652	3441790
贵　州	12518215	235429	5101664	817834	356591	5317120	689577
云　南	17004173	383483	6791626	563798	2547661	4761030	1956575
西　藏	671898	4231	319707	28594	88000	157245	74121
陕　西	29783162	763029	15305175	1905668	2220854	3652517	5935919
甘　肃	9021530	231006	3738435	790162	1278871	2902590	80466
青　海	1679588	38200	732668	204933	62867	620498	20422
宁　夏	4800439	296284	3994522	133759	105310	223270	47294
新　疆	12105307	229000	5800742	530395	931220	3994181	619769

3-34 各地区按用途分的房地产开发企业商品房现房销售额

单位：万元

地区	现房销售额	住宅	办公楼	商业营业用房	其他
全国总计	**212609447**	**155872018**	**16604436**	**26075392**	**14057601**
北京	9834318	6642629	1682893	668609	840187
天津	6537819	6011643	65232	267333	193611
河北	4400622	3990017	44440	312671	53494
山西	1620601	1369965	15271	195857	39508
内蒙古	2073054	1607000	35099	350514	80441
辽宁	4392056	3709552	37146	525035	120323
吉林	2323208	2053776	116589	136445	16398
黑龙江	2021991	1720034	46564	202249	53144
上海	9355202	5244706	1800096	1123572	1186828
江苏	26334575	19640043	1582333	3709057	1403142
浙江	12977363	8730649	1538432	1909944	798338
安徽	4876964	3634223	372737	721907	148097
福建	8797207	6025959	833512	1008988	928748
江西	3523909	2390635	292929	688870	151475
山东	18684802	13922598	1305970	2519462	936772
河南	5965064	4953744	425775	459332	126213
湖北	9914193	7316178	910159	1193703	494153
湖南	5254691	4061757	147839	894737	150358
广东	33065952	23412663	3447802	3091838	3113649
广西	3915408	2899529	117400	599595	298884
海南	6945827	6082166	389864	380136	93661
重庆	7140486	3865334	487393	1463446	1324313
四川	8400088	5996670	296616	1317094	789708
贵州	2011785	1480389	80197	397904	53295
云南	5103781	3933296	298939	593413	278133
西藏	223174	164123	12897	46154	
陕西	2398724	1519542	109670	418089	351423
甘肃	1650820	1505425	2438	129790	13167
青海	185097	142630	20918	21239	310
宁夏	763401	529478	16500	214911	2512
新疆	1917265	1315665	70786	513498	17316

3-35　各地区按资质等级分的房地产开发企业商品房现房销售额

单位：万元

地　区	总　计	一　级	二　级	三　级	四　级	暂　定	其　他
全国总计	**212609447**	**8960885**	**72256917**	**19234812**	**19072303**	**73516359**	**19568171**
北　京	9834318	292972	5352324	127607	2556693	1370332	134390
天　津	6537819	114105	2438897	180371	2782249	445605	576592
河　北	4400622	448237	1998111	354424	322232	1217764	59854
山　西	1620601	67539	755321	47588	354240	395073	840
内蒙古	2073054	94034	525402	280433	662580	244511	266094
辽　宁	4392056	182442	905695	583571	14065	1730605	975678
吉　林	2323208	28949	1000459	87093	246773	937213	22721
黑龙江	2021991	61330	660192	751347	77175	374887	97060
上　海	9355202	172165	2036157	427129	11451	6219132	489168
江　苏	26334575	869035	10263722	569335	22809	11888760	2720914
浙　江	12977363	564276	3196407	948264	565803	4394357	3308256
安　徽	4876964	107558	1474557	546883	159434	2168994	419538
福　建	8797207	631975	2945907	801137	313249	3850453	254486
江　西	3523909	20156	1067275	360793	460969	1381287	233429
山　东	18684802	1224269	6658286	1453706	1279179	6420176	1649186
河　南	5965064	248568	2137878	465260	71837	2274010	767511
湖　北	9914193	419657	2555327	341908	832054	4970727	794520
湖　南	5254691	190306	2013187	860257	703162	1334672	153107
广　东	33065952	1629059	8151864	3963435	4983617	10497367	3840610
广　西	3915408	235366	1127232	540174	125927	1739932	146777
海　南	6945827	242128	2334797	389156	311443	2686013	982290
重　庆	7140486	631868	3958289	434518	1500	1854192	260119
四　川	8400088	144604	3525808	3336710	16668	1004198	372100
贵　州	2011785	14165	648964	180241	148883	998977	20555
云　南	5103781	183092	1722828	188968	1056650	1428185	524058
西　藏	223174	4231	128233	15708	18096	54221	2685
陕　西	2398724	77424	735297	490130	336586	323785	435502
甘　肃	1650820	805	351012	247818	354467	691371	5347
青　海	185097		72522	62014	21354	26776	2431
宁　夏	763401	42007	581268	34700	37140	57610	10676
新　疆	1917265	18563	933699	164134	224018	535174	41677

3-36 各地区按用途分的房地产开发企业商品房期房销售额

单位：万元

地区	期房销售额	住宅	办公楼	商业营业用房	其他
全国总计	**953999569**	**874259836**	**20816661**	**40207752**	**18715320**
北京	32716689	31637402	104005	127803	847479
天津	12420889	12112100	25750	270916	12123
河北	31087189	29844419	172613	686507	383650
山西	14352351	13770658	23152	486921	71620
内蒙古	8125230	7672283	25736	373680	53531
辽宁	11164575	10313943	99194	636137	115301
吉林	4927276	4605929	109059	183682	28606
黑龙江	3511949	3154320	19321	306872	31436
上海	63421746	61771725	1207880	260370	181771
江苏	100568342	93047532	1793383	3664380	2063047
浙江	102119535	92797197	3855843	3723109	1743386
安徽	33845543	31980905	382366	1022281	459991
福建	37742661	32027790	812542	1857397	3044932
江西	21169928	18526372	450763	1817798	374995
山东	76615317	67713046	2470878	4147591	2283802
河南	39510095	37151741	814671	1379268	164415
湖北	36253143	32396531	1075340	2105162	676110
湖南	31633957	28857445	558020	1832932	385560
广东	117964552	106351971	3804960	5558198	2249423
广西	12753936	11305271	150320	844259	454086
海南	8064029	6893516	394549	624194	151770
重庆	17362735	15458349	111661	1029984	762741
四川	63337637	56902774	1449997	3449274	1535592
贵州	10506430	9757522	57975	658396	32537
云南	11900392	10906151	81917	688010	224314
西藏	448724	390472	12905	45265	82
陕西	27384438	25736716	630507	726913	290302
甘肃	7370710	6964899	58402	325167	22242
青海	1494491	1413029	16137	61529	3796
宁夏	4037038	3887095	2409	145452	2082
新疆	10188042	8910733	44406	1168305	64598

3-37　各地区按资质等级分的房地产开发企业商品房期房销售额

单位：万元

地　区	总　计	一　级	二　级	三　级	四　级	暂　定	其　他
全国总计	**953999569**	**28392652**	**435722683**	**47357184**	**30957744**	**276455582**	**135113724**
北　京	32716689	339768	24920840	427826	1711926	3178911	2137418
天　津	12420889	341091	6740741	97754	1822719	1590696	1827888
河　北	31087189	1184104	15535890	1660828	2689684	9565773	450910
山　西	14352351	330603	7565717	265742	1867479	4084847	237963
内蒙古	8125230	163523	3538206	563099	1908491	1295529	656382
辽　宁	11164575	95200	3672783	1079120	15556	3417622	2884294
吉　林	4927276	121481	1496463	353589	224767	2547580	183396
黑龙江	3511949	2569	983523	766052	47826	1199607	512372
上　海	63421746	1170442	31333102	562560		24927114	5428528
江　苏	100568342	1946022	50129845	470998	28304	35554501	12438672
浙　江	102119535	1518056	29898730	3334419	637057	28098588	38632685
安　徽	33845543	901566	17765404	722085	250109	8981412	5224967
福　建	37742661	1590199	20745306	1626425	572671	8902005	4306055
江　西	21169928	246459	9678965	1289572	477626	7578734	1898572
山　东	76615317	4909534	36429513	3640555	2994349	20674114	7967252
河　南	39510095	1922114	16783459	1249565	393599	15849793	3311565
湖　北	36253143	1126329	13464049	1326916	943530	15365457	4026862
湖　南	31633957	1054983	12394348	2467970	3394831	9451986	2869839
广　东	117964552	4561682	42288523	4597192	4761966	34973117	26782072
广　西	12753936	493921	5041090	856052	279708	5677262	405903
海　南	8064029	312428	2540788	577636	436127	3032414	1164636
重　庆	17362735	880485	9414589	702356	1000	6049714	314591
四　川	63337637	1339718	36750093	15127443	104239	6946454	3069690
贵　州	10506430	221264	4452700	637593	207708	4318143	669022
云　南	11900392	200391	5068798	374830	1491011	3332845	1432517
西　藏	448724		191474	12886	69904	103024	71436
陕　西	27384438	685605	14569878	1415538	1884268	3328732	5500417
甘　肃	7370710	230201	3387423	542344	924404	2211219	75119
青　海	1494491	38200	660146	142919	41513	593722	17991
宁　夏	4037038	254277	3413254	99059	68170	165660	36618
新　疆	10188042	210437	4867043	366261	707202	3459007	578092

3-38 各地区按资质等级分的房地产开发企业商品住宅销售额

单位：万元

地 区	总 计	一 级	二 级	三 级	四 级	暂 定	其 他
全国总计	**1030131854**	**31980663**	**459887765**	**55920723**	**42315238**	**303045543**	**136981922**
北 京	38280031	497237	27818410	533076	3569560	3757746	2104002
天 津	18123743	455196	8792459	270739	4259798	1999894	2345657
河 北	33834436	1576226	16807910	1819693	2871979	10283350	475278
山 西	15140623	382819	7937023	293676	2013740	4276497	236868
内蒙古	9279283	254909	3738859	757872	2324427	1418962	784254
辽 宁	14023495	270825	4230730	1510622	26447	4550235	3434636
吉 林	6659705	138187	2353719	400671	446065	3144078	176985
黑龙江	4874354	62400	1470775	1326464	112409	1469266	433040
上 海	67016431	1222675	32042983	687863		27699574	5363336
江 苏	112687575	2444378	55050709	833923	28203	40981862	13348500
浙 江	101527846	1818625	30316243	3455885	968850	27254196	37714047
安 徽	35615128	899503	18047751	1055875	378177	9960674	5273148
福 建	38053749	1929078	19568236	1607788	652191	10154862	4141594
江 西	20917007	253376	9163778	1326129	681106	7614119	1878499
山 东	81635644	5380176	37864657	4432763	3563633	22138358	8256057
河 南	42105485	2068052	17594843	1486001	422770	16819287	3714532
湖 北	39712709	1347022	14225246	1420761	1504668	16841265	4373747
湖 南	32919202	1155192	13340751	2832854	3575285	9210832	2804288
广 东	129764634	4734750	44913219	7325234	7234749	39490567	26066115
广 西	14204800	558172	5291596	1213614	331850	6320887	488681
海 南	12975682	494282	4431047	916095	683371	4865688	1585199
重 庆	19323683	980378	10507095	876819	1500	6530279	427612
四 川	62899444	1190452	36171237	15234520	112327	6984085	3206823
贵 州	11237911	232383	4621048	709026	315406	4713569	646479
云 南	14839447	267644	6004670	518829	2193123	4108071	1747110
西 藏	554595	3446	273875	24684	77873	103952	70765
陕 西	27256258	718072	14409775	1608103	1890141	3394808	5235359
甘 肃	8470324	136848	3567307	748310	1193221	2750147	74491
青 海	1555659	38200	700877	170940	58658	569236	17748
宁 夏	4416573	268835	3698775	115881	86069	204124	42889
新 疆	10226398	201325	4932162	406013	737642	3435073	514183

3-39　各地区按资质等级分的房地产开发企业90平方米及以下住宅销售额

单位：万元

地　区	总　计	一　级	二　级	三　级	四　级	暂　定	其　他
全国总计	**88695812**	**2303447**	**38520410**	**5739773**	**3619746**	**27029333**	**11483103**
北　京	6043771	67712	4347725	115213	661369	695383	156369
天　津	2792063	53238	1596761	72412	451033	209902	408717
河　北	2365364	189246	1204676	126295	168971	666348	9828
山　西	1189307	7330	920569	953	98726	113098	48631
内蒙古	558204	2037	166626	49772	124337	98013	117419
辽　宁	1650811	580	510333	162188	3683	494844	479183
吉　林	1003175	45347	311295	68019	103297	458872	16345
黑龙江	1090773		209750	287637	26859	446649	119878
上　海	8134533	249647	3096918	77117		4274980	435871
江　苏	6813518	82600	2840903	63878	3690	3101934	720513
浙　江	6586829	143446	1933942	273208	46904	1517970	2671359
安　徽	1915120	7995	1088387	10361	4747	377117	426513
福　建	5391585	197213	2806952	241965	91623	1706045	347787
江　西	831424	34795	324280	59183	7313	344148	61705
山　东	2447074	19751	1400064	185546	170219	558448	113046
河　南	4151180	210184	1248091	245944	11556	1939842	495563
湖　北	2106930	34923	613739	276255	65413	961864	154736
湖　南	757991	15811	277086	86928	76159	246691	55316
广　东	17282539	673485	6381003	903422	796805	4640040	3887784
广　西	1509165	14521	628366	119280	14595	645583	86820
海　南	1193363	56346	286272	81987	164311	530924	73523
重　庆	2971593	21833	1704651	158473	500	1038375	47761
四　川	5888671	98767	3040208	1826573	1629	669963	251531
贵　州	625330	1569	197163	97546	13500	298350	17202
云　南	1494082	6700	542400	28436	314097	370568	231881
西　藏	54899	579	22270	11073	11105	7101	2771
陕　西	839204	474	457060	41853	68884	243605	27328
甘　肃	377550	3162	92175	22094	94650	164929	540
青　海	86362		35610	11752	1411	36431	1158
宁　夏	75695	13140	61341	770		396	48
新　疆	467707	51016	173794	33640	22360	170920	15977

3-40 各地区按资质等级分的房地产开发企业144平方米以上住宅销售额

单位：万元

地区	总计	一级	二级	三级	四级	暂定	其他
全国总计	**173017288**	**6878098**	**82648099**	**8109221**	**7958658**	**44033992**	**23389220**
北京	9199925	82594	6163743	73505	1769323	1110112	648
天津	1642755	2506	991474	40471	302343	170810	135151
河北	3903668	180319	1928993	96764	143864	1500757	52971
山西	2296984	34886	1189435	47853	467455	506786	50569
内蒙古	2174633	71325	947926	140098	506686	406367	102231
辽宁	1131486	15630	447239	148499	4533	403879	111706
吉林	733588	843	281989	73137	28845	339933	8841
黑龙江	396522	118	113968	164871	4049	75481	38035
上海	15370697	312510	6979169	383493		6828820	866705
江苏	18245931	434944	11001673	106088	3172	4882855	1817199
浙江	26130066	757143	8542654	542619	416733	5957002	9913915
安徽	2425000	203434	1464072	43573	4707	335044	374170
福建	5591707	27988	3741397	346981	304603	765516	405222
江西	2377497	1227	1017937	257255	82475	947056	71547
山东	15485759	1681319	7357884	986840	632947	3789709	1037060
河南	7186751	78346	3364289	118410	87243	3142201	396262
湖北	4810902	159167	2645647	46752	136341	1373170	449825
湖南	7534508	373015	3465147	270652	925385	1576042	924267
广东	17273060	848523	5293671	1431995	1083345	4663012	3952514
广西	1870686	149642	620866	175876	30470	772731	121101
海南	2036396	349788	1067489	16973	21748	498228	82170
重庆	2074212	164551	1351561	58652	1000	497043	1405
四川	10230415	331902	6285765	1787930	45406	1167984	611428
贵州	1339256	40202	648924	43689	13782	550266	42393
云南	3605400	149323	1217297	173958	551214	952830	560778
西藏	219186	2867	145600	4669	5081	25723	35246
陕西	5302283	310843	2909644	367517	237739	267495	1209045
甘肃	550637	41311	191743	50077	76618	190770	118
青海	218682		98147	40354	6789	70364	3028
宁夏	679733	28176	614969	2778	7970	21541	4299
新疆	978963	43656	557787	66892	56792	244465	9371

3-41　各地区按资质等级分的房地产开发企业办公楼销售额

单位：万元

地　区	总　计	一　级	二　级	三　级	四　级	暂　定	其　他
全国总计	**37421097**	**1710342**	**12284332**	**2598277**	**2178856**	**12540147**	**6109143**
北　京	1786898	10499	842921	15531	474666	326639	116642
天　津	90982		10298		45884	3019	31781
河　北	217053		124023	23760	28412	40858	
山　西	38423		28586	1354	5623	2222	638
内蒙古	60835		25025		35340		470
辽　宁	136340		7386	4522		105176	19256
吉　林	225648		33519		629	180554	10946
黑龙江	65885		20480	33106		4889	7410
上　海	3007976	87551	858819	171421		1530102	360083
江　苏	3375716	122816	1267990	15431	200	1327489	641790
浙　江	5394275	25328	686371	401170	28092	2498342	1754972
安　徽	755103	43744	225025	35557	503	410867	39407
福　建	1646054	84308	618208	249377	138346	522456	33359
江　西	743692		303971	70458	9366	349735	10162
山　东	3776848	238579	1639586	101451	90683	1490622	215927
河　南	1240446	10555	617440	137394		248212	226845
湖　北	1985499	33794	640215	118738	18584	949876	224292
湖　南	705859	14622	139920	175716	109566	228940	37095
广　东	7252762	816055	1973125	287763	909174	1498591	1768054
广　西	267720	7389	161048	13742	7605	76466	1470
海　南	784413	15899	132319	11794	1053	351411	271937
重　庆	599054	71529	453624	36596		29041	8264
四　川	1746613	15804	1007927	592378	3662	83004	43838
贵　州	138172		41547	23075		73550	
云　南	380856	68187	158241		54257	65663	34508
西　藏	25802		2382			23420	
陕　西	740177	23520	181970	57914	171348	62877	242548
甘　肃	60840	15116	26976		11124	7624	
青　海	37055		6842	14795		14002	1416
宁　夏	18909	5047	10596	773		2493	
新　疆	115192		37952	4461	34739	32007	6033

3-42 各地区按资质等级分的房地产开发企业商业营业用房销售额

单位：万元

地 区	总 计	一 级	二 级	三 级	四 级	暂 定	其 他
全国总计	**66283144**	**1973765**	**23360217**	**5413927**	**3809587**	**23395558**	**8330090**
北 京	796412	29808	536080	297	96906	131529	1792
天 津	538249		292457	6045	187100	27536	25111
河 北	999178	43862	398526	136231	46045	363701	10813
山 西	682778	13515	304142	18300	185721	159803	1297
内蒙古	724194	1903	271221	70786	184021	96794	99469
辽 宁	1161172	5601	285771	126084	2089	418600	323027
吉 林	320127	8387	103987	34790	21850	138757	12356
黑龙江	509121	349	131278	123050	5449	83012	165983
上 海	1383942	30334	239258	83935	11295	894534	124586
江 苏	7373437	143969	2696972	170926	21550	3552488	787532
浙 江	5633053	88491	1194980	271371	152117	2071309	1854785
安 徽	1744188	53551	702508	146413	23746	585441	232529
福 建	2866385	38596	1236611	327338	62954	1018843	182043
江 西	2506668	12294	1123120	159006	232128	756306	223814
山 东	6667053	295027	2408156	342459	435100	2342882	843429
河 南	1838600	80096	587724	82020	19353	943380	126027
湖 北	3298865	81172	895040	93920	208616	1822264	197853
湖 南	2727669	65309	730754	262988	325039	1175572	168007
广 东	8650036	258811	2420271	473840	821385	2613809	2061920
广 西	1443854	92644	441576	123999	54082	705013	26540
海 南	1004330	22054	228533	16255	62401	416303	258784
重 庆	2493430	325863	1228622	119061		717898	101986
四 川	4766368	115704	2118239	1839464	2065	602158	88738
贵 州	1056300	2026	421989	72959	39275	477757	42294
云 南	1281423	30040	464533	34169	222004	436506	94171
西 藏	91419	785	43450	3910	10045	29873	3356
陕 西	1145002	11166	601139	86121	135212	106628	204736
甘 肃	454957	79042	128878	41298	64709	135055	5975
青 海	82768		24609	16677	4150	36074	1258
宁 夏	360363	22096	281081	17105	19218	16458	4405
新 疆	1681803	21270	818712	113110	153962	519275	55474

3-43 各地区按资质等级分的房地产开发企业商品住宅销售套数

单位：套

地区	总计	一级	二级	三级	四级	暂定	其他
全国总计	**8258625**	**241315**	**3406039**	**599357**	**446603**	**2709249**	**856062**
北京	76747	1466	49346	601	14784	8454	2096
天津	105709	2765	40342	2545	36551	10494	13012
河北	348077	14335	166982	22532	34703	104294	5231
山西	194539	5506	106108	4104	24715	51437	2669
内蒙古	116174	2334	43968	11051	31627	16180	11014
辽宁	170353	2642	53500	22996	612	54274	36329
吉林	92634	1488	31173	6451	7525	42776	3221
黑龙江	74093	801	22168	21841	3655	19921	5707
上海	145839	2079	57753	2303		71623	12081
江苏	767360	19564	326625	10212	294	324445	86220
浙江	429315	8003	121660	17998	5475	127614	148565
安徽	394920	7362	157091	16771	5008	152328	56360
福建	283444	14397	130445	17375	4336	94968	21923
江西	244339	2050	106802	14406	7975	90119	22987
山东	765593	42680	323954	49595	41575	222302	85487
河南	558590	30651	221708	23713	6985	218948	56585
湖北	388566	10186	121558	16781	25213	172624	42204
湖南	396537	10093	149183	41042	44005	121706	30508
广东	707378	17405	226533	38635	57092	261096	106617
广西	212084	6917	73520	19743	5272	101302	5330
海南	72699	2084	22940	5508	5581	28449	8137
重庆	226898	7797	118910	12673	80	81628	5810
四川	588412	12394	305980	163639	487	80613	25299
贵州	176230	2830	71110	13501	6473	75358	6958
云南	174600	2851	73738	7206	27961	46689	16155
西藏	5900	23	2304	336	981	1412	844
陕西	200762	3936	102693	14547	17750	31963	29873
甘肃	122274	990	52398	10402	17430	39714	1340
青海	18985	274	8959	2162	726	6659	205
宁夏	50413	2982	40316	1997	1549	2916	653
新疆	149161	2430	76272	6691	10183	46943	6642

3-44 各地区房地产开发企业商品住宅现房期房销售套数

单位：套

地区	合计	现房	期房
全国总计	**8258625**	**1614715**	**6643910**
北京	76747	27259	49488
天津	105709	44656	61053
河北	348077	42675	305402
山西	194539	19146	175393
内蒙古	116174	24999	91175
辽宁	170353	51930	118423
吉林	92634	32602	60032
黑龙江	74093	30315	43778
上海	145839	31449	114390
江苏	767360	190871	576489
浙江	429315	62829	366486
安徽	394920	77015	317905
福建	283444	52454	230990
江西	244339	33420	210919
山东	765593	141421	624172
河南	558590	77403	481187
湖北	388566	95054	293512
湖南	396537	58961	337576
广东	707378	171992	535386
广西	212084	53130	158954
海南	72699	35797	36902
重庆	226898	43087	183811
四川	588412	58658	529754
贵州	176230	26614	149616
云南	174600	50860	123740
西藏	5900	1623	4277
陕西	200762	21159	179603
甘肃	122274	24253	98021
青海	18985	1701	17284
宁夏	50413	8819	41594
新疆	149161	22563	126598

3-45　各地区按用途分的房地产开发企业新建商品房平均销售价格

单位：元/平方米

地　区	新建商品房平均销售价格	住　宅	办公楼	商业营业用房	其　他
全国总计	**10438**	**10864**	**13781**	**10422**	**4165**
北　京	37595	46783	23616	15378	9068
天　津	16087	16324	12995	13692	9377
河　北	8180	8282	4968	9573	4164
山　西	6780	6706	6630	10464	4097
内蒙古	6605	6505	8222	8424	5559
辽　宁	7526	7536	10383	8775	3889
吉　林	6923	6810	12085	8140	3928
黑龙江	6470	6335	10731	8089	5031
上　海	40170	45997	34804	25076	6421
江　苏	11511	12420	10929	9829	3887
浙　江	18847	19856	18107	14446	8310
安　徽	8284	8460	8735	9812	3042
福　建	11015	12387	10713	11714	5266
江　西	7225	7209	8128	8374	4204
山　东	8445	8646	11235	9866	3875
河　南	6528	6457	10157	7352	3935
湖　北	8778	8755	13002	10304	4677
湖　南	6556	6463	11121	8216	3899
广　东	15762	16928	21819	14887	5347
广　西	5791	6163	7290	8445	2058
海　南	16571	16634	18167	20579	7271
重　庆	6888	8558	8426	7697	2308
四　川	8961	9882	9124	9925	2400
贵　州	5652	5540	7070	8280	2195
云　南	6833	7069	7438	8255	2748
西　藏	8373	8061	6615	12147	3504
陕　西	10954	11109	12256	11324	6181
甘　肃	6022	5931	9072	8957	2856
青　海	7049	6972	7415	9517	2848
宁　夏	6946	6929	6494	7503	1648
新　疆	6092	5744	8180	9380	6101

3-46 各地区按资质等级分的房地产开发企业新建商品房平均销售价格

单位：元/平方米

地区	总计	一级	二级	三级	四级	暂定	其他
全国总计	**10438**	**10594**	**11068**	**7902**	**7991**	**9611**	**13763**
北京	37595	23681	42531	58382	23269	28046	59572
天津	16087	14788	20209	10512	11222	17517	17121
河北	8180	9402	8398	7007	7028	8338	7557
山西	6780	5656	6733	5672	6792	7066	7146
内蒙古	6605	7984	6953	5803	6040	7320	6326
辽宁	7526	5322	7330	5913	4273	7759	8802
吉林	6923	9060	7087	5925	5806	7229	5063
黑龙江	6470	6803	6363	5951	3433	7222	7796
上海	40170	55544	49589	24041	22034	33747	39456
江苏	11511	10516	12999	7037	9201	10084	12102
浙江	18847	15817	19592	14577	11180	17568	20607
安徽	8284	10273	9714	5818	5588	6846	8361
福建	11015	12006	12084	7587	9622	9232	15955
江西	7225	10658	7475	7418	6774	6997	6805
山东	8445	9018	8914	7333	6334	7985	9530
河南	6528	6854	6708	5626	4955	6625	5874
湖北	8778	10012	9943	7246	5089	8609	8730
湖南	6556	8645	6834	5750	6473	6183	7239
广东	15762	21975	17155	14642	10484	13196	21874
广西	5791	5705	5894	5396	5329	5702	8064
海南	16571	15383	17137	13975	12669	16388	19854
重庆	6888	7905	7120	5490	1971	6642	6436
四川	8961	7250	9937	7808	17037	7517	10826
贵州	5652	6204	5717	4864	4501	5603	7829
云南	6833	6846	6707	5435	6712	6756	8438
西藏	8373	10033	8909	7934	7890	7904	7979
陕西	10954	12647	11238	9412	9195	9024	13251
甘肃	6022	14177	5822	6212	5713	6127	5387
青海	7049	10382	6684	6583	6139	7697	6834
宁夏	6946	7555	7240	4835	4393	5585	5538
新疆	6092	7306	5707	5779	6196	6502	7464

3-47 各地区按资质等级分的房地产开发企业90平方米及以下住宅平均销售价格

单位：元/平方米

地 区	总 计	一 级	二 级	三 级	四 级	暂 定	其 他
全国总计	**10860**	**13426**	**11668**	**7813**	**8594**	**10157**	**13092**
北 京	24819	16373	32763	31917	8858	26792	64028
天 津	15968	10532	20032	8283	11119	14747	15395
河 北	8626	9155	9249	7532	8432	7793	10150
山 西	6594	4687	6649	4995	6068	6706	6935
内蒙古	6503	8584	8411	4812	5686	6664	6222
辽 宁	6529	3867	5950	5590	2916	6618	7745
吉 林	6530	8738	6440	6030	6089	6646	5816
黑龙江	7390		6841	6200	3002	9090	9620
上 海	19625	41666	22876	12367		17374	20918
江 苏	11286	16307	12612	5389	15000	10224	12445
浙 江	13889	13179	13132	11623	10379	13681	15084
安 徽	7905	6055	9898	2732	1670	5724	7295
福 建	12075	16335	13579	6664	16046	10944	11661
江 西	7578	12434	7455	9284	6840	7202	7533
山 东	8304	12275	9186	8143	7132	7159	7056
河 南	6488	5201	6288	5920	3732	7128	5889
湖 北	8607	16790	7519	11164	5173	9778	6111
湖 南	5556	8189	5435	4910	5387	5769	6215
广 东	18263	33017	19691	20296	13760	13899	23478
广 西	7064	4714	7029	5844	4824	7290	9461
海 南	14055	24252	12986	17753	11181	14377	17131
重 庆	8313	7530	8645	5506	2122	8616	6100
四 川	6798	7132	6940	6626	5327	6455	7290
贵 州	6109	3856	6135	5790	4537	6216	8587
云 南	6940	7165	7586	5320	7389	5416	8724
西 藏	6676	6694	6541	7599	6138	9067	4057
陕 西	8627	6124	10404	7943	7730	7116	5625
甘 肃	5916	19339	5488	5005	5932	6250	5482
青 海	8775		8161	7350	5790	10348	10087
宁 夏	7499	9200	7318	4392		4276	3038
新 疆	6495	10733	5308	7711	5710	6957	9588

3-48 各地区按资质等级分的房地产开发企业144平方米以上住宅平均销售价格

单位：元/平方米

地　区	总　计	一　级	二　级	三　级	四　级	暂　定	其　他
全国总计	**16213**	**16162**	**17256**	**11373**	**11897**	**14691**	**21706**
北　京	67236	44222	65715	61552	97279	51152	7733
天　津	24114	32630	28491	23791	18929	23342	16368
河　北	11224	13092	12274	7984	9128	10375	12295
山　西	9629	6827	9224	6940	10457	10230	15133
内蒙古	7179	7872	7668	6408	6171	8253	5996
辽　宁	9291	6149	11048	6779	5547	8852	10732
吉　林	8549	7636	9100	10364	5847	8380	4102
黑龙江	7086	8027	7408	7308	3541	7524	5570
上　海	91199	64643	94784	76510		95163	65157
江　苏	20579	28348	25406	11204	12989	13984	22894
浙　江	29395	20328	31747	21955	15163	28138	31109
安　徽	13620	26027	15478	6993	3379	8483	13119
福　建	16922	17802	21411	6191	18984	12136	21373
江　西	8319	7003	8067	13637	8977	7865	6514
山　东	10965	13275	11202	10199	7787	10494	11577
河　南	9070	14315	9624	6167	5464	8900	8069
湖　北	15462	15092	18015	6212	8959	16391	9527
湖　南	9792	10334	10985	6465	9191	7858	12358
广　东	21233	35371	20924	16925	12725	19196	31913
广　西	7828	9623	6671	8025	6259	8182	13285
海　南	22570	14493	26632	16139	12364	24110	32430
重　庆	13327	13813	13572	11934	1842	13066	2180
四　川	17614	16010	18008	14340	22269	20846	21620
贵　州	7016	5188	7340	5409	4806	6907	10311
云　南	7404	9147	6453	5776	7760	7700	9825
西　藏	8653	13347	9004	7749	8266	7587	8125
陕　西	15023	22242	15069	11646	11155	8794	19320
甘　肃	6554	17085	6326	9271	5416	6016	4856
青　海	7671		7013	7149	7237	9312	8162
宁　夏	9638	11313	10022	4642	4549	5924	6246
新　疆	5687	5625	5720	5204	5259	5791	9416

3-49　各地区按用途分的房地产开发企业商品房待售面积

单位：平方米

地　区	商品房待售面积	住　宅	办公楼	商业营业用房	其　他
全国总计	**681022846**	**336433971**	**48916571**	**143574458**	**152097846**
北　京	29925735	10797559	6419415	3745074	8963687
天　津	13011758	7684761	1632407	2365292	1329298
河　北	12774692	9931680	349721	1441527	1051764
山　西	9043218	6256455	163199	1981360	642204
内蒙古	12096569	7536341	140510	2774751	1644967
辽　宁	32400948	20977319	695433	8056406	2671790
吉　林	13964945	9338268	574803	2739315	1312559
黑龙江	15609214	9214305	354435	4089100	1951374
上　海	28914213	7903435	5365498	4401899	11243381
江　苏	42796171	22273243	3481502	9553810	7487616
浙　江	28519306	13294240	3766761	6655912	4802393
安　徽	24231178	11753162	1454290	6514474	4509252
福　建	23259219	8931654	2005666	4177889	8144010
江　西	7516066	3710126	314390	2676289	815261
山　东	35847361	22538323	2240425	6310607	4758006
河　南	27090754	18414916	1494916	4317859	2863063
湖　北	23080126	14710158	1035131	4495763	2839074
湖　南	13141229	7136341	590816	4019273	1394799
广　东	107054900	48478211	8456811	18062179	32057699
广　西	24857600	12918862	961161	5232614	5744963
海　南	11192861	7034705	752713	1801480	1603963
重　庆	30924477	6239650	1574321	6889321	16221185
四　川	28422615	7506768	1367251	5751469	13797127
贵　州	11856037	5625366	300736	4051609	1878326
云　南	25279395	11725477	1010862	5114212	7428844
西　藏	964952	566726	67185	294215	36826
陕　西	11214421	5890081	800075	2587680	1936585
甘　肃	6832932	4011612	184106	1579011	1058203
青　海	1959050	1259295	82185	449684	167886
宁　夏	7490318	2811672	479746	3817187	381713
新　疆	19750586	9963260	800101	7627197	1360028

3-50 各地区按资质等级分的房地产开发企业商品房待售面积

单位：平方米

地 区	总 计	一 级	二 级	三 级	四 级	暂 定	其 他
全国总计	**681022846**	**23124203**	**228124608**	**90347311**	**81415520**	**211261383**	**46749821**
北 京	29925735	1490682	12900959	1003962	9581274	4178160	770698
天 津	13011758	125903	4640616	715093	6168242	557153	804751
河 北	12774692	634590	5537861	1307082	2026848	2897643	370668
山 西	9043218	277757	3387399	522901	2535752	2292553	26856
内蒙古	12096569	205580	3032921	1891343	4784708	1291576	890441
辽 宁	32400948	512213	8629645	6176649	285372	13738417	3058652
吉 林	13964945	71676	3691444	1538653	2390345	6053243	219584
黑龙江	15609214	367787	4507544	5867253	989058	2891487	986085
上 海	28914213	760119	5001540	2206619	33897	18594640	2317398
江 苏	42796171	1841220	18627916	1342284	43780	17766545	3174426
浙 江	28519306	551073	6398146	4572287	1737375	9260813	5999612
安 徽	24231178	720375	6648087	4137186	1010150	10038251	1677129
福 建	23259219	1324538	7247053	4897381	2252134	6905924	632189
江 西	7516066	49777	1902309	1140830	763520	3100553	559077
山 东	35847361	2254233	13289159	3211714	4137987	11050378	1903890
河 南	27090754	877972	9642575	1715835	758866	10409253	3686253
湖 北	23080126	601697	7165581	1615989	3797234	8180416	1719209
湖 南	13141229	397884	4838365	2867699	1963011	2712421	361849
广 东	107054900	2743347	25572935	15047097	19769400	34110623	9811498
广 西	24857600	724481	7011157	4449498	1494285	10576955	601224
海 南	11192861	385525	3571419	995763	1053326	4121214	1065614
重 庆	30924477	2842896	17809773	2132951	3788	7270404	864665
四 川	28422615	1028940	10644669	12571318	127365	3062241	988082
贵 州	11856037		5078889	1286302	1044013	4273374	173459
云 南	25279395	1349869	9295547	1797770	5421239	6109358	1305612
西 藏	964952	21518	411409	131606	142519	240787	17113
陕 西	11214421	232273	4160746	1736735	2377133	1722973	984561
甘 肃	6832932	121463	2356776	898037	1540928	1873446	42282
青 海	1959050		1039402	257729	205737	425821	30361
宁 夏	7490318	468702	4874753	686183	675850	536648	248182
新 疆	19750586	140113	9208013	1625562	2300384	5018113	1458401

3-51 各地区按用途分的房地产开发企业商品房待售1-3年面积

单位：平方米

地 区	待售1-3年面 积	住 宅	办公楼	商业营业用房	其 他
全国总计	**249791578**	**128316544**	**14570127**	**47894225**	**59010682**
北 京	10600917	4186008	1975443	980763	3458703
天 津	4997233	3832133	182898	597789	384413
河 北	4421944	3495464	98265	435398	392817
山 西	3575677	2403517	39455	879860	252845
内蒙古	5044873	3297224	30360	1081534	635755
辽 宁	12579753	8444378	166723	2879116	1089536
吉 林	4635064	3159608	61138	977380	436938
黑龙江	5195770	3343545	142700	1247584	461941
上 海	5371588	1599646	1152077	644518	1975347
江 苏	14365806	7435725	884827	3069226	2976028
浙 江	9388679	4925613	885547	1864070	1713449
安 徽	8268740	4120970	270748	2350926	1526096
福 建	7838077	3154831	649243	1326622	2707381
江 西	2668681	1387043	169916	802809	308913
山 东	14884910	9666935	635485	2439828	2142662
河 南	7512021	4975282	265133	1202698	1068908
湖 北	9832247	6781638	396284	1524508	1129817
湖 南	4691058	2903312	171742	1331991	284013
广 东	40669940	18884060	3222346	5960063	12603471
广 西	10915472	6413979	294853	1945499	2261141
海 南	5029805	3417360	159215	760470	692760
重 庆	15794918	2877109	616300	3237128	9064381
四 川	10650447	2551582	597991	2197011	5303863
贵 州	4636133	2066078	195958	1625162	748935
云 南	10281056	4342979	592783	1734850	3610444
西 藏	389156	214205	33293	125058	16600
陕 西	4270880	2323376	310079	876180	761245
甘 肃	2324875	1459508	31084	492979	341304
青 海	663322	480974	29361	128301	24686
宁 夏	1992096	825484	92592	935487	138533
新 疆	6300440	3346978	216288	2239417	497757

3-52 各地区按资质等级分的房地产开发企业商品房待售1-3年面积

单位：平方米

地 区	总 计	一 级	二 级	三 级	四 级	暂 定	其 他
全国总计	**249791578**	**10142173**	**88271495**	**31466411**	**27009086**	**77896741**	**15005672**
北 京	10600917	560223	5088686	428845	2764242	1716780	42141
天 津	4997233	74010	2034574	138334	2208801	224901	316613
河 北	4421944	135332	1971484	490828	714604	979957	129739
山 西	3575677	224924	1201389	271522	806900	1064742	6200
内蒙古	5044873	180604	935133	1087099	1814990	757485	269562
辽 宁	12579753	265384	3169584	1901532	33643	5939153	1270457
吉 林	4635064		1377788	391958	438044	2387718	39556
黑龙江	5195770	141355	1184986	1997973	365164	1138216	368076
上 海	5371588	75039	1182643	303643		3405436	404827
江 苏	14365806	859810	6194123	366809		6026787	918277
浙 江	9388679	201567	2569876	1040558	496492	3319037	1761149
安 徽	8268740	139862	2120499	1549169	525012	3560012	374186
福 建	7838077	571036	2507047	1515984	467718	2569594	206698
江 西	2668681	3628	652449	283363	295432	1247022	186787
山 东	14884910	1004860	5350509	1509306	1419031	4631105	970099
河 南	7512021	457907	3497291	716544	312450	1980015	547814
湖 北	9832247	209775	3599138	386781	1271768	3538920	825865
湖 南	4691058	66491	1746676	1201969	686382	909327	80213
广 东	40669940	1517395	9820529	5235410	6929389	13795143	3372074
广 西	10915472	296497	3160569	1918290	627090	4800316	112710
海 南	5029805		2063895	424012	498660	1381193	662045
重 庆	15794918	1362390	9320056	917038		3878590	316844
四 川	10650447	842591	3806002	4595248	41953	1105705	258948
贵 州	4636133		2749521	249031	282823	1334429	20329
云 南	10281056	636021	3902439	757179	1815697	2472002	697718
西 藏	389156		186684	17361	84915	83083	17113
陕 西	4270880	56162	1104697	739315	855466	1032313	482927
甘 肃	2324875	39251	803442	388270	418431	675481	
青 海	663322		409844	25763	9678	200481	17556
宁 夏	1992096	79946	1387635	190504	178803	147380	7828
新 疆	6300440	140113	3172307	426773	645508	1594418	321321

3-53 各地区按用途分的房地产开发企业商品房待售3年以上面积

单位：平方米

地区	待售3年以上面积	住宅	办公楼	商业营业用房	其他
全国总计	**148745148**	**45692128**	**17755580**	**46569850**	**38727590**
北京	12872258	4059152	3366657	2357484	3088965
天津	4160939	1235975	1136543	989870	798551
河北	905897	574729	3927	183237	144004
山西	1303025	741277	37365	315710	208673
内蒙古	1400173	588605	37670	572600	201298
辽宁	8544549	4590321	264437	2833496	856295
吉林	2543968	1246192	103821	892474	301481
黑龙江	5523539	2427784	156341	1940960	998454
上海	14599170	2452293	2775447	3286862	6084568
江苏	9032842	2548046	1413883	3684872	1386041
浙江	6660786	1156416	1538185	2874289	1091896
安徽	3185409	512911	465553	1371911	835034
福建	7107087	1600718	600591	1863306	3042472
江西	925027	270286	33953	558719	62069
山东	4547367	2051630	664273	1471514	359950
河南	2971350	1916274	283089	572427	199560
湖北	3076883	969557	285674	1164536	657116
湖南	1326979	376094	81664	618256	250965
广东	25178730	8471402	2315918	6341183	8050227
广西	3519792	1125465	278527	1330733	785067
海南	1280177	934298	45355	184559	115965
重庆	6513313	655348	745425	1759245	3353295
四川	5084565	335907	241626	1531348	2975684
贵州	1048865	199424	58249	509091	282101
云南	3940788	1171113	129652	1335462	1304561
西藏	38848	15305		23543	
陕西	1253318	300505	139294	482076	331443
甘肃	1006023	495375	28662	259715	222271
青海	214035	74444	25450	107612	6529
宁夏	3350334	861090	310294	2060578	118372
新疆	5629112	1734192	188055	3092182	614683

3-54 各地区按资质等级分的房地产开发企业商品房待售3年以上面积

单位：平方米

地区	总计	一级	二级	三级	四级	暂定	其他
全国总计	**148745148**	**5292456**	**45572670**	**25326841**	**23716912**	**39649975**	**9186294**
北京	12872258	790011	4740408	453205	5222393	1092752	573489
天津	4160939	2795	1028292	136765	2520730	197180	275177
河北	905897	119902	299623	299970	125274	61128	
山西	1303025	52833	516802	105487	515448	109792	2663
内蒙古	1400173		318846	235399	763860	59609	22459
辽宁	8544549	13983	2512807	1916328	182061	3620010	299360
吉林	2543968	50145	818389	307381	436063	926165	5825
黑龙江	5523539	226432	2058152	2260571	262758	531150	184476
上海	14599170	271122	1908922	1555126	33897	9295195	1534908
江苏	9032842	357077	4258753	418419	23059	3454469	521065
浙江	6660786	191274	916073	1819936	790674	2073739	869090
安徽	3185409	234852	890212	864209	117960	942782	135394
福建	7107087	317192	2115900	2109934	1166699	1352600	44762
江西	925027	43209	175075	210390	54852	428549	12952
山东	4547367	246849	1481398	391425	744395	1460048	223252
河南	2971350	57288	919195	309929	116356	798935	769647
湖北	3076883	143073	774010	629101	944564	534347	51788
湖南	1326979	186211	406207	405749	151044	87215	90553
广东	25178730	691855	5271071	5653483	5577229	6309992	1675100
广西	3519792	76136	1020611	905089	349547	1055364	113045
海南	1280177		228752	187076	136439	605549	122361
重庆	6513313	749092	3496738	673030		1273000	321453
四川	5084565	121857	1989890	2119887	23266	642429	187236
贵州	1048865		737929	102977	24015	183944	
云南	3940788	122525	1722847	281813	1265155	478645	69803
西藏	38848			12602	26246		
陕西	1253318	68820	471851	148835	456828	69486	37498
甘肃	1006023		172798	222699	363666	225565	21295
青海	214035		53897	67571	6529	86038	
宁夏	3350334	157923	2151114	277413	372363	165896	225625
新疆	5629112		2116108	245042	943542	1528402	796018

第四章

房地产开发企业主要财务状况

4-1　各地区房地产开发企业主要财务指标

单位：万元

地　区	资产总计	负债合计	所有者权益合计	主营业务收入
全国总计	**11191294916**	**8731745880**	**2459549036**	**1432735783**
北　京	523000572	418982600	104017971	44566181
天　津	251483137	196146902	55336235	22176585
河　北	304158170	268205224	35952946	38065753
山　西	172742332	156792967	15949365	18642773
内蒙古	92359371	81539007	10820364	14087445
辽　宁	196689710	159035348	37654363	23917527
吉　林	80922502	69383410	11539091	9771877
黑龙江	92372306	62743375	29628930	8232045
上　海	808812419	552078754	256733665	63549943
江　苏	1087844982	815001760	272843222	177082832
浙　江	913234771	696071377	217163394	168544022
安　徽	367852348	276998408	90853940	54478684
福　建	430879769	312298277	118581492	49676080
江　西	211450285	165807965	45642320	35048569
山　东	805766089	646643203	159122886	112687506
河　南	506075455	424731767	81343688	63860396
湖　北	424195092	320887111	103307981	62026191
湖　南	248252717	202122235	46130482	41478431
广　东	1514132496	1178630137	335502359	163391401
广　西	226656420	174295555	52360864	23319321
海　南	144018644	112288642	31730002	15323698
重　庆	318223768	232204548	86019220	30084355
四　川	494627314	392651653	101975660	76536168
贵　州	205140148	163928967	41211181	20702559
云　南	227593204	194189803	33403401	25922106
西　藏	13208900	8902412	4306488	916083
陕　西	290153087	245559882	44593205	33638861
甘　肃	96413554	81715578	14697976	11603419
青　海	19669770	17410138	2259632	2538297
宁　夏	31692398	26627611	5064787	6843318
新　疆	91673189	77871264	13801925	14023358

4-1 续表 1 单位：万元

地 区	土地转让收入	商品房销售收入	自持物业收入		其他收入
				房屋出租收入	
全国总计	**6743856**	**1350457103**	**23476579**	**18968789**	**50838015**
北 京	573118	38321493	1460004	1344648	4211565
天 津	167584	20924994	386291	304360	697716
河 北	38299	36056361	159040	109820	1812053
山 西	68286	17820710	213033	133602	540744
内蒙古	33097	13662996	67643	61177	323709
辽 宁	249660	22964130	260508	175925	443244
吉 林	11530	9572502	82668	43032	105177
黑龙江	14929	8034022	55309	52539	127786
上 海	213084	54254865	6579287	5700467	2502708
江 苏	979899	170019179	1689623	1247805	4394130
浙 江	557889	161553374	1431094	1029879	5014324
安 徽	212672	51088324	339690	287181	2837998
福 建	209032	44624187	745945	467855	4096917
江 西	381262	33111495	181621	119288	1374191
山 东	523276	106033603	911114	691994	5219513
河 南	133327	60655389	478073	349325	2593607
湖 北	131947	59299688	822598	511235	1771958
湖 南	644998	39847954	350382	261922	635098
广 东	250801	155967608	3880467	3384746	3292526
广 西	85735	22355673	369701	259347	509855
海 南	274121	13281289	100694	82430	432967
重 庆	291837	27917385	798814	637726	1074864
四 川	484200	72567326	893681	639887	2592497
贵 州	20109	19854658	174932	137941	652860
云 南	90245	24769681	470577	420832	591604
西 藏	200	877828	21074	19623	16981
陕 西	21976	31247873	179869	161684	2189143
甘 肃	48163	10988274	97433	88766	469550
青 海	1960	2479533	19526	15649	37278
宁 夏	12799	6693732	69403	60224	67384
新 疆	17824	13610978	186486	167882	208070

4-1　续表 2　　单位：万元

地　　区	主营业务成本	税金及附加	其他业务利润	销售费用
全国总计	**1169231198**	**56321383**	**2366229**	**44035001**
北　　京	37182657	2049395	137800	1368999
天　　津	20222082	714379	5686	891466
河　　北	31443529	1616749	38091	1514085
山　　西	15962009	620589	29866	529277
内 蒙 古	11647754	483200	15026	323883
辽　　宁	20206224	825450	38821	720664
吉　　林	8145059	216721	33091	365185
黑 龙 江	6895357	288881	-43333	233320
上　　海	44470474	5474550	114080	1603022
江　　苏	149087338	4721521	227309	4049125
浙　　江	142320757	4695460	136921	4187072
安　　徽	46210581	1193731	61736	1603190
福　　建	40774230	1314770	42198	1279196
江　　西	29082772	830352	100884	939953
山　　东	93377142	4021312	241442	2989610
河　　南	53434014	1919347	60375	1892910
湖　　北	48767997	2511482	104912	1755763
湖　　南	34164494	1467605	77115	1345257
广　　东	123565189	10534894	325929	6464239
广　　西	20256613	619613	37855	983843
海　　南	9548221	1973404	5215	874628
重　　庆	24897595	917468	61533	1116882
四　　川	61512887	3171255	90381	2876937
贵　　州	16849155	453799	38494	778188
云　　南	21648798	1483194	64911	987087
西　　藏	657607	30331	3057	36886
陕　　西	27504581	1089703	198673	1067509
甘　　肃	9930754	279011	29681	331990
青　　海	2138898	72198	4217	78921
宁　　夏	5459503	211156	62928	203332
新　　疆	11866929	519864	21339	642584

4-1 续表 3 单位：万元

地区	管理费用	财务费用	营业利润	营业外收入
全国总计	**38711442**	**30239858**	**110474099**	**5231152**
北京	1483708	1867931	924434	222649
天津	575829	677761	-1476133	219987
河北	1255016	659821	2599804	90259
山西	639300	172001	751141	100064
内蒙古	415265	82527	1152600	58600
辽宁	771909	545096	225526	104717
吉林	342082	173053	497400	33443
黑龙江	284775	254194	482331	42004
上海	2276534	3302236	10440392	137618
江苏	3148499	1826151	14369274	587322
浙江	3416867	2070439	14420302	348142
安徽	1235965	745499	3842477	190257
福建	1170196	1109451	4800222	300661
江西	791608	488551	3198220	125385
山东	3045926	2305171	8171135	621921
河南	1759353	1069113	3958310	154694
湖北	1522987	936677	6162908	218015
湖南	1136283	524956	2953262	100472
广东	5262530	5611361	17264273	639696
广西	825286	531381	264774	104736
海南	705130	585484	1700472	59375
重庆	913710	738329	2686877	139027
四川	1860592	1468540	5546175	235503
贵州	641384	267046	1418638	81807
云南	880407	945316	-57464	94717
西藏	60565	36421	138597	7688
陕西	922805	689459	2621721	75225
甘肃	384627	242039	464939	53417
青海	88144	40850	84606	6035
宁夏	247013	56840	668455	40207
新疆	647147	216166	198431	37509

4-1　续表 4　　　　单位：万元

地　区	营业外支出	利润总额	所得税费用	应付职工薪酬
全国总计	**7817953**	**108151357**	**24974411**	**31632790**
北　京	215641	933822	978547	1169290
天　津	178641	-1432388	241422	547051
河　北	172977	2511763	564133	910179
山　西	91023	762225	277909	502735
内蒙古	84042	1119684	169153	302395
辽　宁	131665	204953	238869	497211
吉　林	77188	445400	138527	267845
黑龙江	58414	468510	146871	165491
上　海	251805	10331532	2722745	1695174
江　苏	817938	14178928	2637561	2468984
浙　江	581163	14354679	2846373	2092775
安　徽	336557	3697592	736324	1042325
福　建	300040	4751122	785086	1046781
江　西	126520	3212657	514179	701792
山　东	544555	8287919	1628238	2396815
河　南	306632	3863502	673996	1629372
湖　北	556026	5829678	957407	1530507
湖　南	143184	2900126	523417	1181899
广　东	1034033	16836972	4171749	4392921
广　西	157907	200534	256566	695081
海　南	207969	1544719	516957	495018
重　庆	227940	2489975	329613	940892
四　川	317931	5585394	1224413	1739492
贵　州	174042	1325636	252843	608274
云　南	334159	-288455	152209	799908
西　藏	28737	115280	9963	42234
陕　西	142790	2558555	711473	810001
甘　肃	58656	468924	179862	304468
青　海	26015	59225	45660	74040
宁　夏	38986	668700	159604	144562
新　疆	94779	164195	182745	437280

4-2 各地区按登记注册统计类别分的房地产开发企业资产总计

单位：万元

地区	总计	内资	港澳台投资	外商投资
全国总计	**11191294916**	**10428146928**	**552719850**	**210428139**
北京	523000572	495638020	18226046	9136506
天津	251483137	241142185	8299821	2041131
河北	304158170	298239212	3891793	2027165
山西	172742332	171613909	341136	787287
内蒙古	92359371	92210182		149189
辽宁	196689710	170755740	16758050	9175920
吉林	80922502	78652937	1606374	663191
黑龙江	92372306	90182681	2028496	161129
上海	808812419	696297011	69706032	42809376
江苏	1087844982	981447528	83227281	23170173
浙江	913234771	850693758	23296087	39244926
安徽	367852348	362335742	4637521	879085
福建	430879769	406377128	22522365	1980276
江西	211450285	204381060	6497051	572173
山东	805766089	766332398	32518069	6915622
河南	506075455	491419620	13468944	1186892
湖北	424195092	407272887	15333435	1588770
湖南	248252717	239357028	7765577	1130112
广东	1514132496	1321678381	137451019	55003097
广西	226656420	221288073	5222352	145994
海南	144018644	131910422	11173702	934520
重庆	318223768	273462516	38806861	5954391
四川	494627314	483025258	10024265	1577790
贵州	205140148	203426231	1296601	417316
云南	227593204	215380371	11349050	863783
西藏	13208900	13208900		
陕西	290153087	284192084	4176872	1784131
甘肃	96413554	96403939	3570	6044
青海	19669770	19591248		78522
宁夏	31692398	31464002	184767	43629
新疆	91673189	88766477	2906713	

4-3　各地区按资质等级分的房地产开发企业资产总计

单位：万元

地　区	总　计	一　级	二　级	三　级	四　级	暂　定	其　他
全国总计	**11191294916**	**1003048475**	**4157520983**	**933214925**	**690708904**	**3163300616**	**1243501014**
北　京	523000572	65599057	253583529	22355775	103755169	55107966	22599075
天　津	251483137	10910313	90956093	5862156	75756900	25297431	42700244
河　北	304158170	26937129	133565131	21822766	38136128	77582399	6114618
山　西	172742332	3894785	86460591	5910900	32647747	40477261	3351048
内蒙古	92359371	5913327	37885476	9435982	22339552	12560578	4224457
辽　宁	196689710	6139178	53747444	34641053	315005	67723166	34123863
吉　林	80922502	2595874	27209977	5523833	5989377	38188861	1414581
黑龙江	92372306	1085976	24740250	29898391	1071561	15801437	19774689
上　海	808812419	135894047	258334246	30612393	128096	320263987	63579649
江　苏	1087844982	56848406	508127663	17744268	264517	379075659	125784470
浙　江	913234771	68945155	231699570	68738602	25543176	255161181	263147088
安　徽	367852348	23257876	143828055	38648487	4510562	109928249	47679119
福　建	430879769	83957629	161002578	37151413	15071701	108415790	25280658
江　西	211450285	2255045	76358203	21660259	12895464	83823886	14457428
山　东	805766089	71604592	312442252	65838650	51662509	227123272	77094814
河　南	506075455	48387213	178796985	32585482	7762823	184626335	53916618
湖　北	424195092	57890709	130017173	16973105	20202871	166330168	32781066
湖　南	248252717	12684263	77711133	49518602	31774116	62902137	13662466
广　东	1514132496	167599425	411691004	152354657	119491554	420404980	242590877
广　西	226656420	9721463	76765885	31016044	8122357	92441299	8589372
海　南	144018644	8041754	54370743	9095440	6853510	50115892	15541305
重　庆	318223768	48395262	173747744	12368711	57217	75372263	8282572
四　川	494627314	23950264	261972320	138366470	573946	51648798	18115516
贵　州	205140148	3277634	84111575	21714977	7503237	77306519	11226206
云　南	227593204	24121863	82620803	6964409	29530657	63669690	20685780
西　藏	13208900	17842	8505879	798125	1434560	1222791	1229702
陕　西	290153087	19528711	105403216	21206268	38672279	45006143	60336471
甘　肃	96413554	6057805	34975358	14461778	15957538	24411522	549552
青　海	19669770	820352	8716922	2156518	1366501	6276572	332905
宁　夏	31692398	2406045	23496065	1975806	1531136	1855714	427632
新　疆	91673189	4309481	44677120	5813605	9787141	23178668	3907174

4-4 各地区按登记注册统计类别分的房地产开发企业负债合计

单位：万元

地　区	总　计	内　资	港澳台投资	外商投资
全国总计	**8731745880**	**8212700614**	**369279474**	**149765792**
北　京	418982600	398570576	13943872	6468151
天　津	196146902	189694097	5383169	1069636
河　北	268205224	263409173	3000230	1795820
山　西	156792967	155893517	308194	591255
内蒙古	81539007	81435503		103503
辽　宁	159035348	143171414	10001053	5862881
吉　林	69383410	67725699	1110248	547463
黑龙江	62743375	60889781	1795447	58147
上　海	552078754	489046540	36187231	26844984
江　苏	815001760	750079621	50639407	14282733
浙　江	696071377	651875224	11942046	32254108
安　徽	276998408	273169859	3296573	531977
福　建	312298277	295008809	16108786	1180682
江　西	165807965	160861382	4667206	279376
山　东	646643203	621337610	20213606	5091986
河　南	424731767	414746786	8990612	994369
湖　北	320887111	310541516	9456831	888764
湖　南	202122235	195908748	5537310	676178
广　东	1178630137	1032377772	103480520	42771846
广　西	174295555	170822699	3363540	109316
海　南	112288642	102920908	8888805	478929
重　庆	232204548	200972666	27442393	3789489
四　川	392651653	385326654	6724850	600149
贵　州	163928967	162351920	1199470	377577
云　南	194189803	183612344	10021835	555623
西　藏	8902412	8902412		
陕　西	245559882	240589619	3522848	1447415
甘　肃	81715578	81709589	245	5744
青　海	17410138	17335846		74293
宁　夏	26627611	26453911	140301	33399
新　疆	77871264	75958419	1912846	

4-5 各地区按资质等级分的房地产开发企业负债合计

单位：万元

地区	总计	一级	二级	三级	四级	暂定	其他
全国总计	**8731745880**	**749641079**	**3220030915**	**712955760**	**570076968**	**2519230048**	**959811109**
北京	418982600	53273025	190830313	19679597	92742583	44908845	17548238
天津	196146902	8836561	68622883	4372889	64657761	19711469	29945339
河北	268205224	20954879	118589205	18409027	32520013	71967356	5764744
山西	156792967	3413671	78078492	5562383	29811444	37115654	2811322
内蒙古	81539007	4819980	32968548	8801888	20386069	10891206	3671317
辽宁	159035348	5770316	38717721	28737807	298560	56981513	28529430
吉林	69383410	1694164	23698764	4389675	4470127	33796698	1333983
黑龙江	62743375	799636	18358459	17965950	847008	12527709	12244613
上海	552078754	91111559	173256628	20318461	64941	225356578	41970587
江苏	815001760	42376376	377497622	13307652	266711	285259086	96294314
浙江	696071377	50160319	179867783	53625853	18278615	194989499	199149308
安徽	276998408	16694175	109901052	27315918	3110819	84565825	35410620
福建	312298277	58124986	110841747	29353493	10422431	85647281	17908340
江西	165807965	1715834	60935994	15794767	7684835	67600088	12076447
山东	646643203	54062358	250881758	50376698	42972246	182528896	65821246
河南	424731767	38183078	149242335	25048711	6902494	163852100	41503049
湖北	320887111	37002102	99695349	13546849	15286795	128790434	26565581
湖南	202122235	9883516	65127660	37609665	24382035	54486722	10632637
广东	1178630137	135189384	317769756	107633012	89971279	338315011	189751695
广西	174295555	7945036	56783375	21750957	6432520	74641312	6742356
海南	112288642	6323828	39194489	6357974	5531982	42364730	12515639
重庆	232204548	35042736	125007633	9894697	45447	55793505	6420530
四川	392651653	18840747	207053191	109580808	552515	42130747	14493646
贵州	163928967	2922247	64511342	17726735	6796624	62628232	9343787
云南	194189803	18959191	73008389	6196426	26607531	52858745	16559521
西藏	8902412	12826	5565577	673785	443603	1087620	1119002
陕西	245559882	16090830	91340382	18101566	32912282	38201928	48912894
甘肃	81715578	4382959	28845234	11773866	14520208	21717150	476160
青海	17410138	646592	7375361	2084248	1261611	5746984	295343
宁夏	26627611	1639537	19707590	1778961	1461355	1655455	384712
新疆	77871264	2768630	36756284	5185446	8434524	21111672	3614709

4-6 各地区按登记注册统计类别分的房地产开发企业所有者权益

单位：万元

地 区	总 计	内 资	港澳台投资	外商投资
全国总计	**2459549036**	**2215446314**	**183440376**	**60662347**
北 京	104017971	97067444	4282174	2668354
天 津	55336235	51448088	2916652	971495
河 北	35952946	34830039	891563	231345
山 西	15949365	15720392	32942	196031
内蒙古	10820364	10774679		45685
辽 宁	37654363	27584326	6756997	3313040
吉 林	11539091	10927238	496126	115727
黑龙江	29628930	29292900	233049	102982
上 海	256733665	207250471	33518801	15964392
江 苏	272843222	231367908	32587874	8887440
浙 江	217163394	198818535	11354042	6990818
安 徽	90853940	89165883	1340948	347109
福 建	118581492	111368319	6413579	799594
江 西	45642320	43519678	1829845	292797
山 东	159122886	144994788	12304463	1823636
河 南	81343688	76672834	4478332	192523
湖 北	103307981	96731371	5876604	700006
湖 南	46130482	43448280	2228267	453934
广 东	335502359	289300609	33970499	12231251
广 西	52360864	50465374	1858812	36678
海 南	31730002	28989514	2284897	455591
重 庆	86019220	72489850	11364468	2164902
四 川	101975660	97698604	3299415	977642
贵 州	41211181	41074311	97131	39740
云 南	33403401	31768027	1327214	308160
西 藏	4306488	4306488		
陕 西	44593205	43602465	654025	336715
甘 肃	14697976	14694351	3325	300
青 海	2259632	2255402		4229
宁 夏	5064787	5010091	44466	10230
新 疆	13801925	12808058	993867	

4-7　各地区按资质等级分的房地产开发企业所有者权益

单位：万元

地　区	总　计	一　级	二　级	三　级	四　级	暂　定	其　他
全国总计	**2459549036**	**253407396**	**937490068**	**220259165**	**120631935**	**644070568**	**283689904**
北　京	104017971	12326032	62753216	2676178	11012586	10199121	5050838
天　津	55336235	2073752	22333210	1489267	11099139	5585962	12754905
河　北	35952946	5982250	14975925	3413739	5616115	5615044	349874
山　西	15949365	481114	8382099	348517	2836303	3361607	539726
内蒙古	10820364	1093347	4916928	634094	1953483	1669372	553140
辽　宁	37654363	368862	15029723	5903246	16445	10741653	5594433
吉　林	11539091	901710	3511213	1134158	1519250	4392163	80597
黑龙江	29628930	286340	6381791	11932441	224553	3273728	7530076
上　海	256733665	44782488	85077618	10293932	63155	94907410	21609062
江　苏	272843222	14472030	130630042	4436616	-2194	93816573	29490156
浙　江	217163394	18784836	51831786	15112749	7264561	60171682	63997779
安　徽	90853940	6563701	33927003	11332569	1399743	25362425	12268499
福　建	118581492	25832642	50160832	7797920	4649270	22768509	7372318
江　西	45642320	539212	15422209	5865492	5210629	16223797	2380980
山　东	159122886	17542234	61560493	15461953	8690263	44594377	11273568
河　南	81343688	10204135	29554650	7536771	860328	20774235	12413569
湖　北	103307981	20888607	30321824	3426256	4916075	37539734	6215485
湖　南	46130482	2800747	12583473	11908937	7392081	8415415	3029829
广　东	335502359	32410041	93921247	44721645	29520275	82089969	52839182
广　西	52360864	1776426	19982510	9265088	1689837	17799987	1847016
海　南	31730002	1717926	15176254	2737466	1321528	7751162	3025666
重　庆	86019220	13352526	48740111	2474014	11770	19578758	1862042
四　川	101975660	5109518	54919129	28785663	21431	9518051	3621869
贵　州	41211181	355387	19600233	3988242	706613	14678287	1882419
云　南	33403401	5162672	9612415	767983	2923126	10810946	4126259
西　藏	4306488	5017	2940302	124341	990957	135171	110701
陕　西	44593205	3437881	14062833	3104702	5759997	6804215	11423577
甘　肃	14697976	1674846	6130125	2687912	1437330	2694372	73392
青　海	2259632	173760	1341561	72270	104890	529588	37563
宁　夏	5064787	766508	3788475	196845	69780	200260	42920
新　疆	13801925	1540851	7920837	628159	1352617	2066997	292465

4-8 各地区按登记注册统计类别分的房地产开发企业营业利润

单位：万元

地　区	总　计	内　资	港澳台投资	外商投资
全国总计	**110474099**	**98294640**	**8849883**	**3329576**
北　京	924434	1327805	-372969	-30401
天　津	-1476133	-1446251	-20277	-9605
河　北	2599804	2583131	14818	1856
山　西	751141	690982	11424	48735
内蒙古	1152600	1152264		335
辽　宁	225526	128547	109480	-12501
吉　林	497400	439624	49623	8154
黑龙江	482331	495794	-11691	-1773
上　海	10440392	8706615	843194	890583
江　苏	14369274	12301637	1410166	657471
浙　江	14420302	13858737	486607	74958
安　徽	3842477	3773181	75086	-5790
福　建	4800222	4705647	63997	30578
江　西	3198220	3120735	71712	5773
山　东	8171135	7400720	717402	53014
河　南	3958310	3696289	251614	10407
湖　北	6162908	5951490	217643	-6224
湖　南	2953262	2743927	111973	97362
广　东	17264273	13500718	2371135	1392421
广　西	264774	160109	105183	-519
海　南	1700472	1070628	591405	38439
重　庆	2686877	1192571	1530441	-36134
四　川	5546175	5268901	279504	-2230
贵　州	1418638	1387574	37612	-6548
云　南	-57464	-4324	-51731	-1409
西　藏	138597	138597		
陕　西	2621721	2522704	-33881	132898
甘　肃	464939	465021	-34	-49
青　海	84606	84610		-5
宁　夏	668455	645096	23577	-218
新　疆	198431	231559	-33128	

4-9 各地区按资质等级分的房地产开发企业营业利润

单位：万元

地　区	总　计	一　级	二　级	三　级	四　级	暂　定	其　他
全国总计	**110474099**	**13263769**	**30962108**	**8205735**	**2505569**	**45598704**	**9938214**
北　京	924434	-189286	1177767	213243	-482292	138222	66781
天　津	-1476133	-77083	-458975	-71732	-941077	139472	-66739
河　北	2599804	1413624	32585	226734	219276	695656	11929
山　西	751141	47904	393742	33984	11605	292183	-28277
内蒙古	1152600	128185	316252	58881	402805	184009	62468
辽　宁	225526	-20459	274026	-55991	-4692	96341	-63698
吉　林	497400	61913	202628	-11164	41380	210639	-7997
黑龙江	482331	7081	230312	92146	1823	48544	102424
上　海	10440392	476437	3185116	490257	8761	5830310	449512
江　苏	14369274	1033961	4204361	171384	3658	8106325	849585
浙　江	14420302	2391958	1989677	189892	8423	7431923	2408429
安　徽	3842477	448128	960417	44594	-16960	2083140	323158
福　建	4800222	742801	1411931	559110	79720	1837245	169416
江　西	3198220	88153	1001770	327195	91033	1466668	223401
山　东	8171135	1150406	2885522	576103	258483	2792577	508045
河　南	3958310	430091	1301944	214012	37342	1456509	518412
湖　北	6162908	398246	1649507	362055	184722	3145219	423159
湖　南	2953262	196315	772414	193018	427281	1217047	147187
广　东	17264273	2349739	4348689	1582620	1483173	4607662	2892390
广　西	264774	37944	78699	66115	1498	106174	-25656
海　南	1700472	204058	706713	170892	44331	410409	164068
重　庆	2686877	1521555	518033	57845	251	610982	-21788
四　川	5546175	73249	2235150	2227554	9606	821570	179046
贵　州	1418638	-3629	257150	193900	62502	776613	132101
云　南	-57464	12312	-124624	17267	-7962	133419	-87876
西　藏	138597	2853	52595	35020	25723	22175	230
陕　西	2621721	186489	596176	171622	497050	513671	656713
甘　肃	464939	21749	32536	71357	44742	291716	2839
青　海	84606	37606	7315	22915	329	18468	-2027
宁　夏	668455	83032	573013	-5479	-18796	43184	-6500
新　疆	198431	8436	149665	-19614	31832	70634	-42522

4-10 各地区按登记注册统计类别分的房地产开发企业利润总额

单位：万元

地 区	总 计	内 资	港澳台投资	外商投资
全国总计	**108151357**	**95958391**	**8973613**	**3219353**
北 京	933822	1230722	-267899	-29001
天 津	-1432388	-1410550	-27282	5444
河 北	2511763	2495263	14921	1580
山 西	762225	701692	11228	49305
内蒙古	1119684	1119389		296
辽 宁	204953	110804	110460	-16311
吉 林	445400	391826	49603	3971
黑龙江	468510	482010	-11792	-1708
上 海	10331532	8651299	780315	899918
江 苏	14178928	12138303	1381460	659165
浙 江	14354679	13806613	469836	78230
安 徽	3697592	3631026	71432	-4866
福 建	4751122	4468802	254556	27764
江 西	3212657	3137972	69089	5596
山 东	8287919	7509104	721313	57503
河 南	3863502	3601159	252016	10326
湖 北	5829678	5652537	183645	-6503
湖 南	2900126	2694102	112043	93981
广 东	16836972	13105573	2363963	1367436
广 西	200534	88938	112127	-532
海 南	1544719	929022	577373	38325
重 庆	2489975	1106417	1513590	-130032
四 川	5585394	5320414	278620	-13639
贵 州	1325636	1294332	37776	-6472
云 南	-288455	-234163	-51700	-2592
西 藏	115280	115280		
陕 西	2558555	2459483	-33405	132477
甘 肃	468924	469006	-34	-49
青 海	59225	59238		-13
宁 夏	668700	645184	23760	-244
新 疆	164195	187596	-23401	

4-11 各地区按资质等级分的房地产开发企业利润总额

单位：万元

地区	总计	一级	二级	三级	四级	暂定	其他
全国总计	**108151357**	**12889564**	**30104415**	**8271061**	**2559476**	**44728119**	**9598721**
北京	933822	-212995	1165389	211009	-406469	115259	61628
天津	-1432388	-79158	-488454	-69609	-861651	115595	-49111
河北	2511763	1415552	-11780	210620	207922	680464	8985
山西	762225	47918	422590	30560	8388	281293	-28523
内蒙古	1119684	122173	317372	60125	379936	177516	62562
辽宁	204953	-25387	267237	-42901	-4700	80870	-70167
吉林	445400	56303	197450	-13281	43940	171365	-10377
黑龙江	468510	10660	227657	100772	2916	23452	103053
上海	10331532	485209	3109897	496147	8759	5774678	456842
江苏	14178928	1033237	4160182	165007	3620	8125557	691326
浙江	14354679	2386569	2075684	218898	47879	7254106	2371544
安徽	3697592	431890	925298	28331	-10747	2023392	299426
福建	4751122	858409	1343929	548359	47990	1777566	174868
江西	3212657	88056	1011490	329652	88630	1489626	205203
山东	8287919	1174517	2906888	587261	276659	2834970	507624
河南	3863502	429633	1265988	206869	37808	1438835	484368
湖北	5829678	131201	1601723	417037	174780	3097348	407590
湖南	2900126	189933	751572	177975	423336	1218083	139228
广东	16836972	2280743	4089963	1580914	1468718	4524951	2891682
广西	200534	40747	59218	45978	-770	91178	-35818
海南	1544719	198218	640493	166467	43996	337330	158216
重庆	2489975	1514587	441917	55284	233	503416	-25462
四川	5585394	69630	2228745	2305264	9171	797113	175471
贵州	1325636	4698	213492	181052	50427	758897	117071
云南	-288455	-97840	-183846	15200	-25905	98018	-94081
西藏	115280	2851	47484	17033	25488	24560	-2134
陕西	2558555	182313	560028	166865	489764	505776	653810
甘肃	468924	21206	41166	82277	48308	273078	2889
青海	59225	27719	-713	20944	-348	14657	-3034
宁夏	668700	82688	576339	-5672	-19882	41166	-5939
新疆	164195	18285	140018	-23376	1282	78006	-50020

4-12 各地区按登记注册统计类别分的房地产开发企业主营业务收入

单位：万元

地　区	总　计	内　资	港澳台投资	外商投资
全国总计	**1432735783**	**1357514975**	**58652818**	**16567990**
北　京	44566181	43864301	432624	269256
天　津	22176585	21683624	395022	97939
河　北	38065753	37477429	225936	362388
山　西	18642773	18329151	110481	203142
内蒙古	14087445	14085651		1794
辽　宁	23917527	21887638	1469169	560719
吉　林	9771877	9539296	181220	51360
黑龙江	8232045	8104128	122420	5497
上　海	63549943	55563612	4100354	3885978
江　苏	177082832	158410950	15077923	3593959
浙　江	168544022	163315247	4265891	962885
安　徽	54478684	53482340	895589	100755
福　建	49676080	47944851	1306703	424526
江　西	35048569	33946596	1078580	23393
山　东	112687506	104423408	6626781	1637317
河　南	63860396	62708950	1067455	83991
湖　北	62026191	60139508	1802582	84101
湖　南	41478431	40304210	807906	366316
广　东	163391401	149685515	11288100	2417787
广　西	23319321	22617906	682768	18647
海　南	15323698	13087221	2041265	195213
重　庆	30084355	27583663	2072199	428493
四　川	76536168	74877580	1490434	168154
贵　州	20702559	20509990	156571	35998
云　南	25922106	25272430	513168	136508
西　藏	916083	916083		
陕　西	33638861	32978980	211933	447948
甘　肃	11603419	11603144		276
青　海	2538297	2537790		507
宁　夏	6843318	6709379	130795	3144
新　疆	14023358	13924408	98949	

4-13　各地区按资质等级分的房地产开发企业主营业务收入

单位：万元

地　区	总　计	一　级	二　级	三　级	四　级	暂　定	其　他
全国总计	**1432735783**	**56786859**	**460181746**	**105902958**	**77730537**	**574201383**	**157932300**
北　京	44566181	1233847	25012712	266144	6255805	10472594	1325079
天　津	22176585	507282	9119443	522642	6486498	3033779	2506942
河　北	38065753	2484317	13874466	3331007	4274840	13558101	543022
山　西	18642773	414548	9007939	577395	3292609	5052736	297548
内蒙古	14087445	712995	4341723	1029234	4188088	2618160	1197244
辽　宁	23917527	231582	5749013	2643521	39280	9787934	5466197
吉　林	9771877	295198	3577340	565479	551184	4619579	163098
黑龙江	8232045	87808	2223423	2683810	148153	2246705	842146
上　海	63549943	1598800	14331036	2422793	13392	40104542	5079381
江　苏	177082832	4653950	60440193	1351192	27350	95649009	14961138
浙　江	168544022	3317522	29173183	9077056	2975330	81835926	42165005
安　徽	54478684	2276858	15997469	3053988	645308	25738259	6766804
福　建	49676080	3932530	15108277	3667703	1090798	21864135	4012637
江　西	35048569	738063	11088124	2412279	1068412	16923982	2817709
山　东	112687506	8467470	41659683	8292664	6324941	37634640	10308108
河　南	63860396	3645588	22750347	2743161	616313	26574047	7530940
湖　北	62026191	2579864	18735637	2209993	2811493	30477031	5212174
湖　南	41478431	1891830	13207852	4163161	4738756	15435289	2041545
广　东	163391401	8122338	42070797	10944886	15930220	57082399	29240761
广　西	23319321	831894	6635467	2469957	739334	12261830	380840
海　南	15323698	706734	5311263	1387497	912634	5257836	1747733
重　庆	30084355	2254021	14535355	1365006	7396	11508976	413602
四　川	76536168	1730121	30644700	31435381	167514	10340546	2217905
贵　州	20702559	334059	7497251	2097749	729089	9566026	478386
云　南	25922106	607554	9701225	707156	4188109	8053583	2664480
西　藏	916083	25268	498067	94974	119342	145243	33190
陕　西	33638861	1527368	11415455	2030180	5529761	6196744	6939354
甘　肃	11603419	372656	3905462	1343874	1998208	3961934	21286
青　海	2538297	215851	1006231	237953	98467	924264	55532
宁　夏	6843318	620290	5290405	169924	176815	511192	74692
新　疆	14023358	368657	6272211	605201	1585100	4764365	427824

第二部分　城市篇

第五章　35 个大中城市房地产综合情况

5-1　35个大中城市按登记注册统计类别分的房地产开发企业个数

单位：个

地　区	总　计	内　资	港澳台投资	外商投资
总　计	**29451**	**27796**	**1242**	**413**
北　京	1171	1116	27	28
天　津	1084	1029	35	20
石家庄	499	496		3
太　原	653	648	3	2
呼和浩特	200	200		
沈　阳	511	456	38	17
大　连	487	437	40	10
长　春	551	544	4	3
哈尔滨	436	427	7	2
上　海	2529	2210	227	92
南　京	757	676	69	12
杭　州	1602	1527	56	19
宁　波	955	914	27	14
合　肥	760	743	13	4
福　州	743	700	37	6
厦　门	258	236	14	8
南　昌	534	507	23	4
济　南	673	644	24	5
青　岛	1163	1045	91	27
郑　州	1559	1531	22	6
武　汉	1165	1113	42	10
长　沙	746	719	22	5
广　州	1454	1248	166	40
深　圳	918	824	75	19
南　宁	644	627	16	1
海　口	358	343	14	1
重　庆	2124	2034	68	22
成　都	1472	1421	37	14
贵　阳	546	532	10	4
昆　明	693	674	15	4
西　安	935	910	16	9
兰　州	356	356		
西　宁	133	132		1
银　川	325	322	2	1
乌鲁木齐	457	455	2	

5-2 35个大中城市按资质等级分的房地产开发企业个数

单位：个

地　　区	总　计	一　级	二　级	三　级	四　级	暂　定	其　他
总　　计	**29451**	**561**	**9488**	**3188**	**2078**	**10172**	**3964**
北　　京	1171	29	521	33	315	194	79
天　　津	1084	12	338	33	447	121	133
石 家 庄	499	5	246	23	56	167	2
太　　原	653	3	247	32	150	192	29
呼和浩特	200	3	71	21	62	36	7
沈　　阳	511	3	114	42		173	179
大　　连	487	4	91	83	4	191	114
长　　春	551	6	154	38	40	295	18
哈 尔 滨	436	6	120	164	4	101	41
上　　海	2529	27	494	160	3	1496	349
南　　京	757	17	303	30		233	174
杭　　州	1602	34	283	55	16	672	542
宁　　波	955	8	219	212	27	216	273
合　　肥	760	32	242	65	17	282	122
福　　州	743	11	200	101	33	358	40
厦　　门	258	11	111	4	48	48	36
南　　昌	534	6	149	32	23	286	38
济　　南	673	29	225	45	6	233	135
青　　岛	1163	17	614	40	6	350	136
郑　　州	1559	43	522	91	9	727	167
武　　汉	1165	41	306	72	12	625	109
长　　沙	746	11	236	117	90	247	45
广　　州	1454	17	290	288	41	526	292
深　　圳	918	25	265	83	138	170	237
南　　宁	644	13	165	58	36	345	27
海　　口	358	3	110	24	19	148	54
重　　庆	2124	65	1011	279	6	691	72
成　　都	1472	19	612	646	6	107	82
贵　　阳	546	3	151	61	56	230	45
昆　　明	693	16	203	29	120	220	105
西　　安	935	18	333	71	124	146	243
兰　　州	356	7	101	72	73	98	5
西　　宁	133	2	65	22	8	29	7
银　　川	325	9	211	37	23	44	1
乌鲁木齐	457	6	165	25	60	175	26

5-3 35个大中城市按登记注册统计类别分的房地产开发企业从业人数

单位：人

地 区	总 计	内 资	港澳台投资	外商投资
总 计	**645585**	**590402**	**41456**	**13727**
北 京	33612	30942	1843	827
天 津	21102	19144	1582	376
石家庄	11607	11314		293
太 原	12532	12412	43	77
呼和浩特	4578	4578		
沈 阳	8373	6637	1152	584
大 连	8391	7339	908	144
长 春	11023	10778	142	103
哈尔滨	7489	7302	168	19
上 海	43745	33241	7652	2852
南 京	16489	13678	2218	593
杭 州	23839	21415	1419	1005
宁 波	12832	12046	512	274
合 肥	13084	12602	391	91
福 州	16148	14889	1097	162
厦 门	7428	6611	724	93
南 昌	10203	9608	552	43
济 南	13011	12374	535	102
青 岛	22072	19066	2496	510
郑 州	31692	30923	618	151
武 汉	32447	30127	2076	244
长 沙	21013	19956	976	81
广 州	33411	27331	5163	917
深 圳	33654	28347	3299	2008
南 宁	12773	12231	503	39
海 口	9428	9102	308	18
重 庆	59184	55791	2290	1103
成 都	33033	31570	922	541
贵 阳	10672	10466	149	57
昆 明	16347	15445	831	71
西 安	22539	21643	584	312
兰 州	8897	8897		
西 宁	3619	3599		20
银 川	8139	8009	113	17
乌鲁木齐	11179	10989	190	

5-4 35个大中城市按资质等级分的房地产开发企业从业人数

单位：人

地区	总计	一级	二级	三级	四级	暂定	其他
总计	**645585**	**44555**	**246038**	**72538**	**41352**	**175225**	**65877**
北京	33612	3719	14859	1053	8999	3489	1493
天津	21102	538	7454	1523	7315	1811	2461
石家庄	11607	380	6133	566	1171	3340	17
太原	12532	141	6178	615	2189	3142	267
呼和浩特	4578	159	1734	391	1391	738	165
沈阳	8373	60	2532	1044		2470	2267
大连	8391	252	1996	1588	18	2513	2024
长春	11023	1212	3489	664	669	4783	206
哈尔滨	7489	180	2422	2665	8	1649	565
上海	43745	2742	9262	3967	40	21913	5821
南京	16489	1157	7309	786		4655	2582
杭州	23839	2897	4410	1114	178	8757	6483
宁波	12832	522	3707	3032	187	2860	2524
合肥	13084	1355	5402	1139	158	3353	1677
福州	16148	1332	4930	2323	739	6217	607
厦门	7428	1351	4085	206	920	481	385
南昌	10203	262	4383	751	497	3688	622
济南	13011	1488	4896	920	88	3388	2231
青岛	22072	1279	12898	695	115	5274	1811
郑州	31692	1998	11455	2013	513	13187	2526
武汉	32447	2272	9877	2030	556	14672	3040
长沙	21013	2238	7112	3406	1402	5265	1590
广州	33411	1189	8913	8085	464	10030	4730
深圳	33654	4256	10256	4115	4211	4260	6556
南宁	12773	867	4110	1279	583	5453	481
海口	9428	304	3882	879	369	2977	1017
重庆	59184	4445	28854	6143	95	16704	2943
成都	33033	1231	15532	12605	40	2057	1568
贵阳	10672	191	4646	960	462	3782	631
昆明	16347	1064	8047	490	1700	3276	1770
西安	22539	1603	9513	1895	2841	2656	4031
兰州	8897	501	3126	1825	1343	2069	33
西宁	3619	140	1915	556	185	719	104
银川	8139	825	5884	369	562	465	34
乌鲁木齐	11179	405	4837	846	1344	3132	615

5-5　35个大中城市房地产开发企业投资规模与完成情况

单位：万元

地　区	计划总投资	自开始建设至本年底累计完成投资	
			本年完成投资
总　计	**5173938128**	**3599113101**	**565503202**
北　京	290980343	245637927	42024126
天　津	233152990	165427080	12320409
石 家 庄	48458090	27120325	5210054
太　原	79892080	40162067	5182329
呼和浩特	25337952	14628907	2345798
沈　阳	78590788	56769591	6108616
大　连	61656088	46486099	4581274
长　春	66144404	41927669	5511617
哈 尔 滨	47026827	30748016	2282074
上　海	501578499	309945659	60620387
南　京	226764252	139753024	27643625
杭　州	270152834	177700686	44006881
宁　波	109428921	75974441	22186125
合　肥	141169422	97532509	15446256
福　州	86934692	79976636	10859746
厦　门	63014198	50190148	14355972
南　昌	73374338	44566468	4966266
济　南	115376567	76904439	14892441
青　岛	133715235	87291960	17293153
郑　州	202555411	148313128	18638735
武　汉	293120662	185349458	34468756
长　沙	139270593	94841994	18887011
广　州	362155212	265617084	33114473
深　圳	270313605	206396071	37874620
南　宁	109386469	81772813	4964122
海　口	52815047	36824813	4822485
重　庆	303319930	270769827	27967094
成　都	221126397	138413298	24495883
贵　阳	106815425	67461196	4177774
昆　明	125438308	98280637	6342582
西　安	206029387	119085147	20520303
兰　州	40866670	23172520	4015446
西　宁	17529438	11684580	1131744
银　川	23980418	15019889	2664209
乌鲁木齐	46466636	27366995	3580816

5-6　35个大中城市按用途分的房地产开发企业完成投资

单位：万元

地　区	本年完成投资	住　宅	办公楼	商业营业用房	其　他
总　计	**565503202**	**401051516**	**35076719**	**41518354**	**87856613**
北　京	42024126	27144155	2687398	1899780	10292793
天　津	12320409	9736950	321192	629376	1632891
石家庄	5210054	4466144	115267	189745	438898
太　原	5182329	4082556	97563	377039	625171
呼和浩特	2345798	1717845	9890	188335	429728
沈　阳	6108616	4927515	178896	571559	430646
大　连	4581274	3314074	315935	501875	449390
长　春	5511617	3946135	164123	522081	879278
哈尔滨	2282074	1785721	36629	246252	213472
上　海	60620387	34667873	7727379	4897998	13327137
南　京	27643625	20766078	1308471	2196375	3372701
杭　州	44006881	28295920	3226413	2987547	9497001
宁　波	22186125	15037888	748134	1562404	4837699
合　肥	15446256	11978207	500374	1101777	1865898
福　州	10859746	7912304	406284	779768	1761390
厦　门	14355972	10346162	333298	671569	3004943
南　昌	4966266	3936089	257077	415862	357238
济　南	14892441	10842945	1382748	1118608	1548140
青　岛	17293153	13766812	860729	868167	1797445
郑　州	18638735	15468842	852118	934211	1383564
武　汉	34468756	25811639	2258293	2787848	3610976
长　沙	18887011	14739601	729779	1865280	1552351
广　州	33114473	24119057	2271830	1938272	4785314
深　圳	37874620	24104341	4203681	3967895	5598703
南　宁	4964122	3637949	184870	307197	834106
海　口	4822485	3450766	309109	326226	736384
重　庆	27967094	21096396	452942	2944862	3472894
成　都	24495883	17212711	1432941	1831258	4018973
贵　阳	4177774	3547744	65432	216440	348158
昆　明	6342582	4523110	383145	566657	869670
西　安	20520303	15936811	957831	1126529	2499132
兰　州	4015446	3143591	102702	242614	526539
西　宁	1131744	883355	40818	90286	117285
银　川	2664209	2094102	23625	225927	320555
乌鲁木齐	3580816	2610128	129803	420735	420150

5-7 35个大中城市房地产开发企业实际到位资金情况

单位：万元

地区	本年实际到位资金合计	上年末结余资金	本年实际到位资金	国内贷款	银行贷款	非银行金融机构贷款
总计	**1050054539**	**377166619**	**672887920**	**99168225**	**89548924**	**9619301**
北京	103164053	44671889	58492164	7407803	6702598	705205
天津	39570968	12538451	27032517	2742430	2019535	722895
石家庄	8460426	1941258	6519168	275856	259933	15923
太原	9783389	3586825	6196564	212396	182574	29822
呼和浩特	4642684	1946385	2696299	175449	169049	6400
沈阳	9590368	3057301	6533067	738504	684497	54007
大连	8021326	2521056	5500270	494889	457810	37079
长春	7754791	2020377	5734414	222543	214193	8350
哈尔滨	3972783	686938	3285845	358233	287013	71220
上海	118576936	57802943	60773993	14699085	13799041	900044
南京	49018821	17881469	31137352	5340833	4920517	420316
杭州	78069348	33282375	44786973	5377867	5105631	272236
宁波	34895536	13345859	21549677	3211920	3182686	29234
合肥	34433563	11813247	22620316	2641709	2497243	144466
福州	17754651	6653146	11101505	2236653	802403	1434250
厦门	17855577	3501277	14354300	1123001	1123001	
南昌	9711105	3196501	6514604	728283	689121	39162
济南	24813842	8640697	16173145	2145524	1995795	149729
青岛	27554421	8362613	19191808	2521555	2382118	139437
郑州	26613305	7899148	18714157	2416118	1942053	474065
武汉	42879582	16987563	25892019	3787179	3417270	369909
长沙	30202859	7712855	22490004	3816269	3125302	690967
广州	76777188	26528393	50248795	9044563	8722141	322422
深圳	72392845	26091888	46300957	9939019	9701442	237577
南宁	11908884	3552429	8356455	937030	788433	148597
海口	7880724	1485829	6394895	1572664	1172877	399787
重庆	38250677	9781577	28469100	4644637	3910541	734096
成都	58674258	15023453	43650805	5304749	4770288	534461
贵阳	8170888	3587105	4583783	356243	287934	68309
昆明	12564619	4411396	8153223	805189	721705	83484
西安	38435480	12568771	25866709	2883736	2626819	256917
兰州	4698364	1488767	3209597	183754	160720	23034
西宁	1637862	412407	1225455	119420	92598	26822
银川	5086532	938179	4148353	414313	414313	
乌鲁木齐	6235884	1246252	4989632	288809	219730	69079

5-7 续表

单位：万元

地区						本年各项应付款合计	
	利用外资	自筹资金	定金及预收款	个人按揭贷款	其他到位资金		#工程款
总　　计	**112648**	**214013039**	**231878347**	**100591661**	**27124000**	**186126401**	**96973736**
北　　京		12175821	28491786	5220640	5196114	5817829	3203110
天　　津		6844670	13184215	3212447	1048755	7317949	2968340
石 家 庄		2510663	2206344	1352385	173920	2029977	936895
太　　原		1175798	2959200	1711338	137832	1937832	1317724
呼和浩特		419536	1260435	817491	23388	937369	571510
沈　　阳	8000	2242195	2211402	1182290	150676	2996742	1806741
大　　连		1987217	2262695	635769	119700	1830640	1139239
长　　春		2665050	1463908	1117309	265604	2130911	1212859
哈 尔 滨		774958	1325559	596921	230174	1177540	817526
上　　海	15108	23760254	17326833	3202267	1770446	10883425	5476652
南　　京		8655288	9344139	6529120	1267972	9248929	4238983
杭　　州		13202580	17008669	7877601	1320256	7773257	3164361
宁　　波	38906	8180894	7126915	2537397	453645	5258602	3203504
合　　肥		4470608	8497346	5511035	1499618	5671020	2913015
福　　州	19334	4623481	3187690	685344	349003	3647415	1667422
厦　　门		9782085	2555509	629196	264509	2405894	369372
南　　昌		2410574	1677948	1443993	253806	2325417	1217323
济　　南		4549564	5743159	3312521	422377	4554615	2851407
青　　岛		5651211	7375771	1939363	1703908	6475918	3894908
郑　　州		10037694	3741075	2263390	255880	6745050	3766938
武　　汉	100	8416219	7096431	4538532	2053558	13508044	6179608
长　　沙		6688886	7271749	4126423	586677	7349766	4656350
广　　州	5000	19022662	15127581	6520438	528551	10341657	4619108
深　　圳		15349439	14378082	5208496	1425921	9728176	4781293
南　　宁		2088524	2586918	1992120	751863	4963424	2188434
海　　口		2419326	1507690	479488	415727	2417705	1086548
重　　庆	200	8431515	8818737	5063852	1510159	13972315	7374389
成　　都		11188947	18163455	8523844	469810	10208273	5993395
贵　　阳		710891	1576332	1784470	155847	1973137	1217432
昆　　明	26000	1487563	3063472	2499194	271805	4426560	2541604
西　　安		9475767	8255369	3706970	1544867	9824459	5948748
兰　　州		860104	1207727	893529	64483	2843399	1784452
西　　宁		264087	466651	263157	112140	667835	341010
银　　川		545398	1384876	1655821	147945	1025904	775584
乌鲁木齐		943570	2022679	1557510	177064	1709416	747952

5-8　35个大中城市按用途分的房地产开发企业房屋施工面积

单位：平方米

地　区	房屋施工面　积	住　宅	办公楼	商业营业用房	其　他
总　计	**3091895382**	**1915793136**	**236907188**	**290607629**	**648587429**
北　京	125313418	62567756	11971688	8252328	42521646
天　津	95871371	66514098	3423998	8942377	16990898
石家庄	38065043	30121531	1540141	1747871	4655500
太　原	77236312	55392613	2998763	5583162	13261774
呼和浩特	29198432	19385876	346759	4849585	4616212
沈　阳	60619735	41700207	2379482	7316276	9223770
大　连	33834578	23657505	1653926	3418845	5104302
长　春	64091747	42513647	4788191	7608631	9181278
哈尔滨	49333220	32802702	1657157	7624397	7248964
上　海	176183651	81905332	25992102	16768578	51517639
南　京	74672298	45131901	6453041	7870203	15217153
杭　州	143629242	73764043	15858819	13200655	40805725
宁　波	95692868	54228663	5272084	8486300	27705821
合　肥	74123263	47920988	4494551	6521870	15185854
福　州	61525754	38221630	3862366	6291424	13150334
厦　门	34433082	17368610	4848061	2114700	10101711
南　昌	47280902	32585108	3266202	5102574	6327018
济　南	81377474	49877508	8985628	7695306	14819032
青　岛	104437762	68588918	7174812	6331362	22342670
郑　州	171513206	119543877	12206455	11896934	27865940
武　汉	144562724	95058818	13685433	11724745	24093728
长　沙	97637243	66391504	5286664	10956894	15002181
广　州	126767885	73375493	14609633	10645609	28137150
深　圳	109950461	58308779	19773240	12928180	18940262
南　宁	95557702	61959413	4205424	6990709	22402156
海　口	38105030	22234507	2688450	5400458	7781615
重　庆	204975674	135830603	4693874	21713234	42737963
成　都	177648372	99406871	16197304	17033335	45010862
贵　阳	69307949	46664007	2911306	7553699	12178937
昆　明	103609988	62333199	7067381	10457803	23751605
西　安	137123026	91553876	11007801	11701571	22859778
兰　州	43511563	29353291	1872415	3532613	8753244
西　宁	19097626	12927432	647170	2333350	3189674
银　川	30947621	20647038	923598	3559776	5817209
乌鲁木齐	54659160	35955792	2163269	6452275	10087824

5-9 35个大中城市按用途分的房地产开发企业房屋新开工面积

单位：平方米

地　区	房屋新开工面积	住　宅	办公楼	商业营业用房	其　他
总　计	**299548557**	**196430329**	**16690706**	**19989583**	**66437939**
北　京	12571435	7150647	732374	591536	4096878
天　津	10372803	7356310	152711	545848	2317934
石家庄	6489182	5397737	11439	219274	860732
太　原	3423117	2620560	114879	148383	539295
呼和浩特	1505431	1176890	3000	41228	284313
沈　阳	3185868	2183141	86894	284121	631712
大　连	2083198	1513371	56269	258865	254693
长　春	4661890	3358322	94601	461748	747219
哈尔滨	1624705	1336434	4920	128937	154414
上　海	23881867	13709134	1956404	1245113	6971216
南　京	10734736	6401239	929446	996704	2407347
杭　州	19423245	10710226	1929027	1409317	5374675
宁　波	11589151	6808010	481746	622724	3676671
合　肥	15864092	11132982	443504	663493	3624113
福　州	6768712	4690726	194253	390585	1493148
厦　门	5381315	3064361	273070	331860	1712024
南　昌	4309127	3138406	486559	240622	443540
济　南	9212432	5439368	928396	1089516	1755152
青　岛	10240826	6930560	715138	394440	2200688
郑　州	8132175	6906083	284754	350402	590936
武　汉	11676817	8045150	639176	811970	2180521
长　沙	12672023	9565190	252477	1285927	1568429
广　州	10963390	5890912	1409438	1266136	2396904
深　圳	10016697	6528572	1010767	881282	1596076
南　宁	5148097	3577060	61133	84934	1424970
海　口	3426078	2212560	99958	195438	918122
重　庆	19747840	13627371	113670	1646418	4360381
成　都	18133568	10596261	1946380	1332287	4258640
贵　阳	3244540	2187407	168318	153319	735496
昆　明	5910049	3580897	282573	565643	1480936
西　安	17645807	12573835	669389	901919	3500664
兰　州	2031967	1472601	24768	49196	485402
西　宁	981462	849388		47184	84889
银　川	3545122	2762484	5111	160407	617120
乌鲁木齐	2949793	1936134	128163	192807	692689

5-10　35个大中城市按用途分的房地产开发企业房屋竣工面积

单位：平方米

地　区	房屋竣工面　积	住　宅	办公楼	商业营业用房	其　他
总　计	**386472308**	**254603347**	**21256504**	**27361803**	**83250654**
北　京	21124190	11648924	1661569	774184	7039513
天　津	18644059	14621796	90877	827722	3103664
石家庄	6047221	5057246	45643	293102	651230
太　原	1967425	1780262		71875	115288
呼和浩特	3450738	2483476		208975	758287
沈　阳	8673894	6175546	345878	747505	1404965
大　连	3245971	2415830	12051	275705	542385
长　春	3009379	2368534	160118	159766	320961
哈尔滨	3665655	2755735	139042	252793	518085
上　海	21123487	11861945	2295599	1287558	5678385
南　京	9974958	6417241	646983	1022943	1887791
杭　州	16622117	9391222	1291441	1092611	4846843
宁　波	29720668	18149024	812987	1796198	8962459
合　肥	23451915	15231324	1500602	1693106	5026883
福　州	10024333	6320897	325113	1090710	2287613
厦　门	3327130	1384152	805241	49250	1088487
南　昌	5106442	3614341	170969	712664	608468
济　南	9855020	6924654	476004	764568	1689794
青　岛	21044728	13840649	1275461	1098989	4829629
郑　州	20127872	14761015	1436253	1193711	2736893
武　汉	11953484	8698263	514042	629058	2112121
长　沙	13566457	9573599	579873	1379884	2033101
广　州	10130419	5100674	1842115	797344	2390286
深　圳	9706483	5310375	1771682	995139	1629287
南　宁	10657226	7862894	82527	554691	2157114
海　口	1103671	473220	242024	113307	275120
重　庆	33020201	22854610	749517	3072835	6343239
成　都	17461555	10199546	1146936	1648670	4466403
贵　阳	5290589	4284147	52199	402612	551631
昆　明	10186336	6801503	298253	509846	2576734
西　安	7108374	4865662	195718	388899	1658095
兰　州	3870492	2774048	128963	320868	646613
西　宁	1897756	1369485	65222	153057	309992
银　川	7361154	5398775		643435	1318944
乌鲁木齐	2950909	1832733	95602	338223	684351

5-11　35个大中城市按用途分的房地产开发企业房屋竣工价值

单位：万元

地　区	房屋竣工价值	住　宅	办公楼	商业营业用房	其　他
总　计	**188057900**	**127693578**	**14763070**	**15047404**	**30553848**
北　京	10142459	5860130	1036648	395723	2849958
天　津	6706893	5318891	42360	317005	1028637
石家庄	1980336	1719182	10084	89020	162050
太　原	433562	383721		15553	34288
呼和浩特	1967532	1451887		154051	361594
沈　阳	3499472	2683809	93401	284099	438163
大　连	1422832	1165419	9342	105414	142657
长　春	1076320	839085	84477	71523	81235
哈尔滨	1291812	998038	47894	90131	155749
上　海	14637536	7930463	2346668	1282550	3077855
南　京	8727835	6566656	434117	727549	999513
杭　州	7742834	4766368	771027	589722	1615717
宁　波	13448321	9294181	445119	942054	2766967
合　肥	9885706	6631719	728713	980966	1544308
福　州	3973420	2579569	123223	448219	822409
厦　门	1651538	924942	313075	30660	382861
南　昌	2144455	1507848	86626	353713	196268
济　南	3928428	2831656	281660	307163	507949
青　岛	10028562	6359512	831597	789747	2047706
郑　州	6282640	4787128	451007	302628	741877
武　汉	8042818	6138793	600383	555596	748046
长　沙	6899638	4525854	553863	723382	1096539
广　州	6892286	3998927	1507530	481178	904651
深　圳	11650697	6674812	2187586	1353825	1434474
南　宁	4959959	3841673	30493	301786	786007
海　口	690000	270548	197670	108324	113458
重　庆	15711479	12311461	614400	1208388	1577230
成　都	7725602	5046014	482656	815627	1381305
贵　阳	1570625	1201407	42203	181799	145216
昆　明	3451117	2474205	101461	157526	717925
西　安	3538159	2348810	130977	243516	814856
兰　州	1774371	1305318	107723	157854	203476
西　宁	727593	523123	20430	106014	78026
银　川	2228733	1645794		239156	343783
乌鲁木齐	1222330	786635	48657	135943	251095

5-12 35个大中城市按资质等级分的房地产开发企业住宅竣工套数

单位：套

地 区	总 计	一 级	二 级	三 级	四 级	暂 定	其 他
总 计	**2295665**	**76962**	**807459**	**201256**	**138612**	**827511**	**243865**
北 京	113479	2852	51202		32807	18043	8575
天 津	133526	7153	42468	4222	56008	14075	9600
石家庄	38957	574	17276	802	3737	16134	434
太 原	12957		4995		4684	3278	
呼和浩特	17807		5840	252	5339	2735	3641
沈 阳	55476		11488	258		21464	22266
大 连	25053		5616	1236		9327	8874
长 春	23568		7739	958	3664	10213	994
哈尔滨	26915		7739	11515	60	5932	1669
上 海	123857		26122	6611		85407	5717
南 京	57550	2410	28735	1501		18584	6320
杭 州	82816	3815	12661	7342	659	39755	18584
宁 波	161823	2142	24719	39182	799	43345	51636
合 肥	143023	9797	34660	15520	1098	63661	18287
福 州	55866	2989	8436	7735		32509	4197
厦 门	16701	560	6632	533	418	490	8068
南 昌	31845	368	8086	319	2309	20763	
济 南	55617	5980	16954	3943		18423	10317
青 岛	116437	6830	71707	1611	538	27587	8164
郑 州	139515	4177	49740	6534	1	73114	5949
武 汉	75643	888	25703	3222	368	41268	4194
长 沙	72075	4	23365	7595	7991	32745	375
广 州	48574	1312	18090	3832		22102	3238
深 圳	54905	201	23957	304	3127	17399	9917
南 宁	64911	5408	11213	10754	1182	35470	884
海 口	3635		1309	143	450	1286	447
重 庆	229601	12653	128785	11633	80	69887	6563
成 都	80283	1299	22005	46538		4947	5494
贵 阳	31572		9959	1607		18430	1576
昆 明	54683	488	13667	430	3599	26539	9960
西 安	48595	388	30979	1034	3597	5137	7460
兰 州	23925	399	5147	2275	3920	12184	
西 宁	15062		10134	549		4379	
银 川	41900	4275	32455	1266		3904	
乌鲁木齐	17513		7876		2177	6995	465

5-13 35个大中城市按用途分的房地产开发企业新建商品房销售面积

单位：平方米

地区	新建商品房销售面积	住宅	办公楼	商业营业用房	其他
总计	**350157085**	**279987555**	**17512273**	**20498118**	**32159139**
北京	11318170	8182508	756641	517874	1861147
天津	11785072	11102536	70014	393119	219403
石家庄	5867506	5659265	61488	52720	94033
太原	5327752	5113168	23240	178405	12939
呼和浩特	1877909	1804257	371	60482	12799
沈阳	5303320	4612157	40396	359879	290888
大连	3090346	2667449	76060	258585	88252
长春	5707407	5341412	146839	164973	54183
哈尔滨	3886454	3430537	58580	328090	69247
上海	18117051	14569583	864268	551909	2131291
南京	9067683	7970830	416759	373342	306752
杭州	14473419	12021574	1602642	730518	118685
宁波	9015601	7304553	434713	509454	766881
合肥	11092544	9376062	510580	411701	794201
福州	8774059	6281669	582563	644158	1265669
厦门	6037939	3467348	359212	82187	2129192
南昌	7177742	5481708	702223	680827	312984
济南	11702186	8255244	1168982	877272	1400688
青岛	14548496	12096428	1086460	1241965	123643
郑州	20277970	18231275	980841	825294	240560
武汉	19729609	15839635	1444074	1319082	1126818
长沙	15567774	13630608	533774	1117831	285561
广州	14044885	10677050	817212	1150589	1400034
深圳	7620038	5843316	972177	355116	449429
南宁	9522263	5747429	283146	771689	2719999
海口	3257905	2633510	172251	169883	282261
重庆	35572450	22580569	710996	3239572	9041313
成都	22045660	17861881	1206929	803206	2173644
贵阳	4782141	4120592	155234	376343	129972
昆明	7494869	5288760	486689	483230	1236190
西安	12653295	10455123	555974	726327	915871
兰州	3357544	3152239	50154	118440	36711
西宁	1061535	963608	49976	33634	14317
银川	3508500	3244394	28350	220969	14787
乌鲁木齐	5489991	4979278	102465	369453	38795

5-14　35个大中城市按用途分的房地产开发企业新建商品房销售额

单位：万元

地　区	新建商品房销售额	住　宅	办公楼	商业营业用房	其　他
总　计	**587551205**	**515237848**	**28375048**	**27843650**	**16094659**
北　京	42551007	38280031	1786898	796412	1687666
天　津	18958708	18123743	90982	538249	205734
石家庄	6218746	6079525	58368	41773	39080
太　原	5430422	5166759	14797	240619	8247
呼和浩特	2038467	1956737	174	68008	13548
沈　阳	5700667	5174607	42548	379705	103807
大　连	3608284	3173993	88697	309458	36136
长　春	4825661	4433355	214601	159455	18250
哈尔滨	3336747	2893436	64220	347312	31779
上　海	72776948	67016431	3007976	1383942	1368599
南　京	20492088	18845116	719733	571231	356008
杭　州	45643694	39727783	3723239	1813238	379434
宁　波	16250450	14277139	595517	776446	601348
合　肥	15934617	14560769	516849	560511	296488
福　州	11080430	8980821	617673	797455	684481
厦　门	12701051	10767505	445699	205745	1282102
南　昌	7498283	5883447	607907	804939	201990
济　南	15534755	12182917	1378994	1096582	876262
青　岛	20260816	16876915	1476603	1708687	198611
郑　州	17478285	15703577	1084361	581287	109060
武　汉	28224117	23574315	1938508	1977318	733976
长　沙	17265908	15318984	644364	1141525	161035
广　州	40786595	34629091	2001321	2982100	1174083
深　圳	34689475	29222240	3536122	995409	935704
南　宁	7238634	5699811	227534	781059	530230
海　口	5156086	4361248	283226	345774	165838
重　庆	24503221	19323683	599054	2493430	2087054
成　都	38202044	34861918	1229094	1310986	800046
贵　阳	4403266	3899134	108947	359813	35372
昆　明	6951222	5820479	368330	446350	316063
西　安	20037747	17861831	705359	882440	588117
兰　州	2906210	2664635	49256	183020	9299
西　宁	942886	860007	37055	41777	4047
银　川	3004992	2760668	18649	223178	2497
乌鲁木齐	4918676	4275198	92393	498417	52668

5-15 35个大中城市按用途分的房地产开发企业新建商品房平均销售价格

单位：元/平方米

地区	新建商品房平均销售价格	住宅	办公楼	商业营业用房	其他
总计	**16780**	**18402**	**16203**	**13584**	**5005**
北京	37595	46783	23616	15378	9068
天津	16087	16324	12995	13692	9377
石家庄	10599	10743	9493	7924	4156
太原	10193	10105	6367	13487	6374
呼和浩特	10855	10845	4690	11244	10585
沈阳	10749	11219	10533	10551	3569
大连	11676	11899	11661	11967	4095
长春	8455	8300	14615	9666	3368
哈尔滨	8586	8434	10963	10586	4589
上海	40170	45997	34804	25076	6421
南京	22599	23643	17270	15300	11606
杭州	31536	33047	23232	24821	31970
宁波	18025	19546	13699	15241	7841
合肥	14365	15530	10123	13615	3733
福州	12629	14297	10603	12380	5408
厦门	21035	31054	12408	25034	6022
南昌	10447	10733	8657	11823	6454
济南	13275	14758	11797	12500	6256
青岛	13926	13952	13591	13758	16063
郑州	8619	8614	11055	7043	4534
武汉	14305	14883	13424	14990	6514
长沙	11091	11239	12072	10212	5639
广州	29040	32433	24490	25918	8386
深圳	45524	50010	36373	28031	20820
南宁	7602	9917	8036	10121	1949
海口	15826	16561	16443	20354	5875
重庆	6888	8558	8426	7697	2308
成都	17329	19517	10184	16322	3681
贵阳	9208	9463	7018	9561	2722
昆明	9275	11005	7568	9237	2557
西安	15836	17084	12687	12149	6421
兰州	8656	8453	9821	15453	2533
西宁	8882	8925	7415	12421	2827
银川	8565	8509	6578	10100	1689
乌鲁木齐	8959	8586	9017	13491	13576

5-16　35个大中城市按用途分的房地产开发企业房屋出租面积

单位：平方米

地　区	房屋出租面　积	住　宅	办公楼	商业营业用房	其　他
总　计	**29119440**	**3222801**	**10509483**	**10421129**	**4966027**
北　京	2567749	321319	1024971	787170	434289
天　津	897631	113326	401905	269983	112417
石家庄	23985			18980	5005
太　原	4259			4259	
呼和浩特					
沈　阳	22830			22830	
大　连	100205	2006	47647	47572	2980
长　春	11192		7587	3605	
哈尔滨					
上　海	18655694	1766399	7318675	6277457	3293163
南　京	153991	4335	41286	22880	85490
杭　州	247706	14319	91982	141405	
宁　波	220174		66295	76894	76985
合　肥	358688	19635	72455	74808	191790
福　州	73424			73424	
厦　门	98527		38147	19413	40967
南　昌	26037		55	25982	
济　南	76298			32264	44034
青　岛	289674	39255	101365	149054	
郑　州	25400		25400		
武　汉	379925	105116	264919	9889	
长　沙	83124		26679	41253	15192
广　州	1540696	582000	339143	190088	429465
深　圳	985543	224477	351851	350938	58277
南　宁	445092		10614	434478	
海　口	19706		5434	9272	5000
重　庆	707890		63586	603828	40476
成　都	71267		46168	25099	
贵　阳	11955			11459	496
昆　明	92615		24329	46046	22240
西　安	155601		27282	48510	79809
兰　州	25443			32	25411
西　宁	3578		553	3025	
银　川	682965	30614	73775	578576	
乌鲁木齐	60576		37380	20656	2540

5-17 35个大中城市按用途分的房地产开发企业商品房待售面积

单位：平方米

地区	待售面积	住宅	办公楼	商业营业用房	其他
总计	**273854603**	**105577327**	**34832909**	**51341632**	**82102735**
北京	29925735	10797559	6419415	3745074	8963687
天津	13011758	7684761	1632407	2365292	1329298
石家庄	1730892	1254996	95773	201894	178229
太原	695093	471248	33264	143983	46598
呼和浩特	1349639	916742	50557	294161	88179
沈阳	5081374	3181058	167304	1308107	424905
大连	6137953	4015937	361128	1121426	639462
长春	6657999	4337335	473601	1197230	649833
哈尔滨	6502768	3181545	236170	2086298	998755
上海	28914213	7903435	5365498	4401899	11243381
南京	4897162	2111655	803225	885701	1096581
杭州	5547838	1734719	1739652	1648155	425312
宁波	6395596	2265573	883720	1318905	1927398
合肥	5363919	827050	936642	1170071	2430156
福州	5320263	1841347	430521	841175	2207220
厦门	3955912	1097448	798948	679055	1380461
南昌	1187960	470708	176372	416698	124182
济南	4523484	2270791	177792	514095	1560806
青岛	7628683	4661860	1212621	1668269	85933
郑州	11458933	7737502	1243114	1315460	1162857
武汉	6116097	3264212	917261	822151	1112473
长沙	3525709	1378165	424008	1457947	265589
广州	15279767	5775431	1653894	2000154	5850288
深圳	7449255	2885536	2059314	1480956	1023449
南宁	8313389	3050295	571727	1394628	3296739
海口	3776975	1236245	479155	661692	1399883
重庆	30924477	6239650	1574321	6889321	16221185
成都	15985385	3146078	1215118	2885744	8738445
贵阳	2364820	1268685	192990	721714	181431
昆明	10449592	3280096	914065	1351835	4903596
西安	3083591	676089	640266	831092	936144
兰州	1206633	624404	94106	199942	288181
西宁	502507	358610	53337	89462	1098
银川	4595194	1655502	472827	2206786	260079
乌鲁木齐	3994038	1975060	332796	1025260	660922

5-18　35个大中城市房地产开发企业主要财务指标

单位：万元

地　区	资产总计	负债合计	所有者权益合计	主营业务收入
总　计	**6273555117**	**4797415374**	**1476139742**	**688770522**
北　京	523000572	418982600	104017971	44566181
天　津	251483137	196146902	55336235	22176585
石家庄	44427918	42414503	2013415	4199331
太　原	85790401	76049847	9740554	9116671
呼和浩特	26825742	23446466	3379275	4075377
沈　阳	67371103	53440062	13931041	9543832
大　连	59349904	43544035	15805868	7293690
长　春	55615327	47874158	7741169	6414850
哈尔滨	53740816	36975729	16765087	5502885
上　海	808812419	552078754	256733665	63549943
南　京	203107523	151066036	52041487	36112659
杭　州	332998865	239068617	93930248	54016884
宁　波	137089168	105238656	31850513	28305995
合　肥	124008560	92419548	31589013	16268881
福　州	123933415	91620586	32312829	15384626
厦　门	137756039	96904015	40852024	9676390
南　昌	74437817	58040984	16396832	10479681
济　南	139844928	112262157	27582771	18279481
青　岛	177492657	132209623	45283034	23863064
郑　州	252243460	210289105	41954355	24199008
武　汉	272756767	200683480	72073288	37467430
长　沙	115661683	97070784	18590900	17616859
广　州	456206112	362414418	93791693	35210291
深　圳	446995718	329550522	117445196	41071165
南　宁	78783628	62570914	16212715	9013492
海　口	55535875	39578151	15957724	6135984
重　庆	318223768	232204548	86019220	30084355
成　都	286885286	226172219	60713067	37561828
贵　阳	105433322	80295623	25137698	9556959
昆　明	141818312	120518124	21300188	13132808
西　安	179543465	151429711	28113754	20470845
兰　州	52176115	43964052	8212064	5602137
西　宁	14252443	12370505	1881938	1979191
银　川	24190058	20183228	4006830	5075941
乌鲁木齐	45762797	38336714	7426083	5765225

5-18 续表 1

单位：万元

地 区	土地转让收入	商品房销售收入	自持物业收入		其他收入
				房屋出租收入	
总 计	**3798759**	**638660964**	**18418172**	**15332720**	**27907010**
北 京	573118	38321493	1460004	1344648	4211565
天 津	167584	20924994	386291	304360	697716
石 家 庄	302	4180248	4234	3913	14547
太 原	46215	8469823	146609	71462	454024
呼和浩特	29304	3925059	14659	13473	106355
沈 阳	2002	9290379	131910	71571	119541
大 连	220475	6790862	78072	57050	204280
长 春		6318851	33235	32310	62764
哈 尔 滨	11680	5402054	33810	33547	55341
上 海	213084	54254865	6579287	5700467	2502708
南 京	354542	34692874	259551	207135	805693
杭 州	314425	51515325	812759	623841	1387034
宁 波	35340	27020191	150118	122393	1100346
合 肥		15117318	198988	191448	952575
福 州	64	12693835	386599	150170	2304128
厦 门	6788	8866219	278112	244670	525271
南 昌	22548	9947728	91041	79878	418364
济 南	127	17312216	180000	122106	787138
青 岛	323583	22339533	322704	272576	877243
郑 州	12288	22755940	253504	206580	1177276
武 汉	41484	36106548	606206	398931	713191
长 沙	557127	16617360	212266	173929	230106
广 州	35649	33013305	1070155	918517	1091182
深 圳	48394	37511005	2133059	1917349	1378707
南 宁	8783	8600092	243438	177908	162821
海 口	268558	5583990	55346	48536	228091
重 庆	291837	27917385	798814	637726	1074864
成 都	182800	35258771	639741	459576	1482053
贵 阳		8898981	116936	85865	541042
昆 明	3830	12362915	411262	368683	354802
西 安	10727	18996944	112396	100871	1350778
兰 州	2612	5142551	69086	63779	387889
西 宁	1919	1929824	16090	12315	31358
银 川	11570	4951308	63607	55132	49455
乌鲁木齐	1	5630180	68283	60006	66762

5-18 续表 2 单位：万元

地 区	主营业务成本	税金及附加	其他业务利润	销售费用
总 计	**552019165**	**32022422**	**1370138**	**21083714**
北 京	37182657	2049395	137800	1368999
天 津	20222082	714379	5686	891466
石 家 庄	3621141	152121	2777	214549
太 原	7835398	341625	16571	226496
呼和浩特	3345311	186762	10869	117818
沈 阳	8089181	404238	4147	314351
大 连	6072323	179212	17633	226955
长 春	5165978	139579	28480	283317
哈 尔 滨	4630911	199491	-10164	174294
上 海	44470474	5474550	114080	1603022
南 京	31874946	892612	5638	759488
杭 州	45389042	1648937	106914	1495027
宁 波	24435062	656604	34793	587287
合 肥	13633048	411038	25036	465647
福 州	12744435	283497	-15625	347209
厦 门	8221746	192478	37124	281885
南 昌	8537818	287182	45972	281477
济 南	14749207	882350	75982	512038
青 岛	18683111	989674	25098	680688
郑 州	20230217	815672	15133	617731
武 汉	28890423	1835124	81849	1040614
长 沙	14672747	726833	14227	642278
广 州	25320151	2202396	58450	1359416
深 圳	28178664	3459904	75806	1307634
南 宁	7711580	285498	24764	395314
海 口	3996868	779097	1916	290307
重 庆	24897595	917468	61533	1116882
成 都	29140149	2257515	48197	1372788
贵 阳	7495659	182669	20695	336689
昆 明	10920987	1086260	46009	464190
西 安	16430683	789927	162260	583790
兰 州	4781688	142941	19219	178457
西 宁	1643520	58651	3976	49643
银 川	3952728	175266	60093	164306
乌鲁木齐	4851637	221477	7202	331664

5-18 续表 3 单位：万元

地 区	管理费用	财务费用	营业利润	营业外收入
总 计	**18654722**	**18772150**	**57918711**	**2541320**
北 京	1483708	1867931	924434	222649
天 津	575829	677761	-1476133	219987
石家庄	174189	62729	-100522	11990
太 原	199863	44427	451411	8922
呼和浩特	98150	21335	352283	9642
沈 阳	242888	107739	256407	18900
大 连	196128	226511	32882	25890
长 春	185529	91747	520107	14750
哈尔滨	159759	134567	148833	18287
上 海	2276534	3302236	10440392	137618
南 京	468038	258925	1460350	29870
杭 州	1394306	908321	5633279	80521
宁 波	433576	165011	1837746	39358
合 肥	362041	242655	1426279	27218
福 州	356825	391263	1426923	27227
厦 门	322306	560420	497942	215730
南 昌	252575	219606	974092	43242
济 南	388679	105774	1293391	57755
青 岛	611519	536366	2779902	212883
郑 州	566694	570955	1562172	68933
武 汉	838594	640642	3741327	141070
长 沙	401207	159764	1226742	40448
广 州	1342836	1797492	4676884	269030
深 圳	1345679	2039375	7970012	117098
南 宁	241607	201383	188497	48967
海 口	248934	227391	641948	19771
重 庆	913710	738329	2686877	139027
成 都	911063	760990	2988872	83844
贵 阳	203853	108243	1060856	41171
昆 明	370877	728328	-511363	53902
西 安	473755	511266	1842638	37546
兰 州	150235	151403	230805	24168
西 宁	60118	38723	94157	4798
银 川	188176	53443	579440	27373
乌鲁木齐	214944	119100	58847	1737

5-18　续表 4　　　　单位：万元

地　区	营业外支出	利润总额	所得税费用	应付职工薪酬
总　计	**4210027**	**56425651**	**15184376**	**15506135**
北　京	215641	933822	978547	1169290
天　津	178641	-1432388	241422	547051
石家庄	29541	-119441	43483	132253
太　原	46037	411875	148820	191891
呼和浩特	30633	330164	86574	77725
沈　阳	38408	236790	39947	189619
大　连	35676	22478	118441	161662
长　春	50516	482033	101856	175177
哈尔滨	43468	122227	77650	97978
上　海	251805	10331532	2722745	1695174
南　京	295114	1195643	464670	483538
杭　州	160238	5706644	977647	723031
宁　波	59149	1816866	412236	323373
合　肥	72899	1384325	370130	303526
福　州	140702	1285144	164321	304145
厦　门	27188	681864	108007	272652
南　昌	41551	974557	184323	178341
济　南	75424	1284982	377201	346840
青　岛	156298	2839062	512257	487882
郑　州	106455	1525148	331185	549970
武　汉	432543	3451525	722589	810070
长　沙	45909	1213943	311442	423992
广　州	271353	4709250	1284406	1141175
深　圳	336335	7753885	1687993	1155493
南　宁	58791	181320	127312	235273
海　口	119900	534780	250792	183197
重　庆	227940	2489975	329613	940892
成　都	152533	3009046	843041	779256
贵　阳	77168	1023688	197494	220376
昆　明	236343	-693732	44077	302250
西　安	67997	1814810	561300	447192
兰　州	25693	239967	106736	125355
西　宁	24118	69802	40914	49681
银　川	28492	578292	139723	112294
乌鲁木齐	49527	35774	75480	168521

附　　录

主要统计指标解释

主要统计指标解释

一、房地产开发企业财务指标

1.资产总计：指企业过去的交易或者事项形成的、由企业拥有或者控制的、预期会给企业带来经济利益的资源。资产一般按流动性分为流动资产和非流动资产。其中流动资产可分为货币资金、交易性金融资产、应收票据、应收账款、预付款项、其他应收款、存货等；非流动资产可分为长期股权投资、固定资产、无形资产及其他非流动资产等。根据会计“资产负债表”中“资产总计”项目的期末余额数填报。

2.负债合计：指企业过去的交易或者事项形成的，预期会导致经济利益流出企业的现时义务。负债一般按偿还期长短分为流动负债和非流动负债。根据会计“资产负债表”中“负债合计”项目的期末余额数填报。

3.所有者权益合计：指企业资产扣除负债后由所有者享有的剩余权益。公司的所有者权益又称股东权益。包括实收资本、资本公积、盈余公积、未分配利润等。根据会计“资产负债表”中“所有者权益合计”项目的期末余额数填报。

4.主营业务收入：指企业确认的销售商品、提供劳务等主营业务的收入。如果会计“利润表”列示“主营业务收入”项目，则根据其本年累计数填报；或者，根据会计“主营业务收入”科目的本年各月贷方余额（结转前）之和填报。如未设置该科目，以“营业收入”代替填报。

（1）土地转让收入：指房地产开发企业按国家规定在报告期转让已经开发的土地和未经开发的土地所得到的收入。根据会计“利润表”和相关核算资料计算填报。

（2）商品房销售收入：指房地产开发企业在报告期售出商品房的收入，一次收款的，一次性全部计入销售收入，按合同规定分期收款的，可按合同规定的时间分次计入收入。根据会计“利润表”和相关核算资料计算填报。

（3）自持物业收入：指房地产开发企业在报告期内，对自持房屋以出租、作为服务业活动场所等不改变财产所有权方式进行经营所得到的收入。根据会计“利润表”和相关核算资料计算填报。

（4）房屋出租收入：指房地产开发企业在报告期内，在不改变现有财产所有权关系的条件下，将企业的全部或部分房屋出租给其他单位或个人使用所得到的租金收入。根据会计“利润表”和相关核算资料计算填报。

（5）其他收入：指房地产开发企业在报告期内从事主营业务中除以上收入外的其他业务活动所得到的收入，包括配套设施销售收入、代建工程结算收入等。根据会计“利润表”和相关核算资料计算填报。

5.主营业务成本：指企业经营主要业务和其他业务所发生的成本总额。根据会计“主营业务成本”科目的本年各月借方余额（结转前）填报。如未设置该科目，以“营业成本”代替填报。

6.销售费用：指企业在销售商品和材料、提供劳务的过程中发生的各种费用，包括保险费、包装费、展览费和广告费、商品维修费、预计产品质量保证损失、运输费、装卸费等以及为销售本企业商品而专设的销售机构（含销售网点、售后服务网点等）的职工薪酬、业务费、折旧费等经营费用。房地产企业销售费用指企业在从事主要经营业务过程中所发生的各项销售费用，包括转让、销售、结算和出租开发产品等。执行《企业会计准则》或《小企业会计准则》的企业,根据会计“利润表”中“销售费用”项目的本年累计数填报。执行《企业会计制度》的企业，根据会计“利润表”中“营业费用（或经营费用）”项目的本年累计数填报。

7.税金及附加：指企业因从事生产经营活动按税法规定应缴纳的消费税、城市维护建设税、资源税、环境保护税、教育费附加、房产税、城镇土地使用税、车船税、印花税等相关税费。根据会计“利润表”中“税金及附加”项目的本年累计数填报。

8.管理费用：指企业为组织和管理企业生产经营所发生的费用，包括企业在筹建期间内发生的开办费、董事会和行政管理部门在企业经营管理中发生的，或者应当由企业统一负担的公司经费等。根据会计“利润表”中“管理费用”项目的本年累计数填报。

9.财务费用：指企业为筹集生产经营所需资金等而发生的筹资费用，包括企业生产经营期间发生的利息支出（减利息收入）、汇兑损失（减汇兑收益）以及相关的手续费等。根据会计“利润表”中“财务费用”项目的本年累计数填报。

10.营业利润：指企业从事生产经营活动所取得的利润。执行《企业会计准则》或《小企业会计准则》的企业，根据会计“利润表”中“营业利润”项目的本年累计数填报；执行《企业会计制度》的企业，根据会计“损益表”中“营业利润”项目、“投资收益”项目的本年累计数之和填报。

11.营业外收入：指企业发生的除营业利润以外的收益，主要包括与企业日常活动无关的政府补助、盘盈利得、捐赠利得等。执行《企业会计准则》或《小企业会计准则》的企业，根据会计“利润表”中“营业外收入”项目的本年累计数填报；执行《企业会计制度》的企业，根据会计“损益表”中“营业外收入”项目、“补贴收入”项目的本年累计数之和填报。

12.营业外支出：指企业发生的除营业利润以外的支出，主要包括公益性捐赠支出、非常损失、盘亏损失、非流动资产毁损报废损失等。根据会计“利润表”中“营业外支出”项目的本年累计数填报。

13.利润总额：指企业在一定会计期间的经营成果，是生产经营过程中各种收入扣除各种耗费后的盈余，反映企业在报告期内实现的盈亏总额。利润总额为营业利润加上营业外收入，减去营业外支出后的金额，根据会计“利润表”中“利润总额”项目的本年累计数填报。

14. 所得税费用：所得税费用由两部分组成，当期所得税和递延所得税。当期所得税是指企业按照税法规定计算确定的针对当期发生的交易和事项，应交纳给税务部门的所得税金额，即应交所得税。递延所得税是指按照所得税准则规定应予确认的递延所得税资产和递延所得税负债应有的金额相对于原已确认金额之间的差异。执行《企业会计准则》或《小企业会计准则》的企业，根据会计“利润表”中“所得税费用”项目的本年累计数填报；执行《企业会计制度》的企业，根据会计“损益表”中“所得税”项目的本年累计数填报。

二、房地产开发投资指标

1.计划总投资：指在建的建设工程按照总体设计（或按设计概算或预算）规定的内容全部建成计划需要的总投资。

2.自开始建设累计完成投资：指从开始建设到本期止累计完成的全部投资。其计算范围原则上应与“计划总投资”指标包括的工程内容相一致。

报告期以前已建成投产或停、缓建工程完成的投资以及拆除、报废工程的投资，仍应包括在内。

房地产开发企业自开始建设累计完成投资包含：在建的房屋建设工程或正在开发的土地开发工程从开始建设到本期止累计完成的全部投资。

3.完成投资：指各种登记注册类型的房地产开发法人单位统一开发的住宅、饭店、宾馆、度假村、写字楼、办公楼等房屋建筑物，配套的服务设施，土地开发工程（如道路、给水、排水、供电、供热、通讯、平整场地等基础设施工程）和土地购置的投资。本年完成投资不包括单纯的土地开发和交易活动。

4.建筑工程：指各种房屋、建筑物的建造工程。这部分投资额必须兴工动料，通过施工活动才能实现。

房地产开发项目可依据会计报表“房屋开发成本”科目下的“建筑安装工程费”、“基础设施费”、“公共配套设施费”、“前期工程费”中的“三通一平费用”等相关科目填报；未设置该科目的，根据“房屋开发成本”下的相关明细分析计算填报。也可以根据工程建设、施工、监理等共同认定的工程结算单或进度单、工程付款等相关凭证填报。

5.安装工程：指各种设备、装置的安装工程。

房地产开发项目可依据会计报表“房屋开发成本”科目下的“建筑安装工程费”填报；未设置该科目的，根据“房屋开发成本”下的相关明细分析计算填报。也可以根据工程建设、施工、监理等共同认定的工程结算单或进度单、工程付款等相关凭证填报。

6.设备工器具购置：指报告期内购置或自制的，达到固定资产标准的设备、工具、器具的价值。

房地产开发项目可依据会计报表“房屋开发成本”科目下的“设备款”填报，未设置该科目的根据“房屋开发成本”下的相关明细分析计算填报；也可以根据相关凭证填报。

（1）设备：指各种动力设备、传导设备、运输设备等。

（2）工具、器具：是指具有独立用途的各种生产用具、工作工具和仪器。如维修用的切削工具、铆焊工具等，以及达到固定资产标准的包装容器等。

7.其他费用：指在固定资产建造和购置过程中发生的，除建筑安装工程和设备、工器具购置投资完成额以外的费用，不指经营中财务上的其他费用。包括土地出让金、大市政费、四源费（煤、热、自来水、污水）、不可预见费、旧房屋购置，基本畜禽支出，林木支出，退耕退牧还林还草、土壤改良、城市绿化，办公生活用家具、器具购置，建设单位管理费，土地征用、购置及迁移补偿费，政府收费，勘察设计费，研究实验费，可行性研究费，临时设施费，施工机械转移费，设备检验费，土地占用、使用费，建设期应付利息，企业债券发行费，合同公证费及工程质量监测费，国外借款手续费及承诺费，汇兑损益，坏账损失，固定资产亏损及损失等。依据会计报表“房屋开发成本”科目下的 “土地出让金”、“开发间接费”等填报；未设置该科目的，根据“房屋开发成本”下的相关明细分析计算填报。如果无法依据会计报表，根据相关支付凭证填报。

8.土地购置费：指房地产开发企业通过各种方式取得土地使用权而支付的费用。土地购置费包括：（1）通过划拨方式取得的土地使用权所支付的土地补偿费、附着物和青苗补偿费、安置补偿费及土地征收管理费等；（2）通过“招、拍、挂”等出让方式取得土地使用权所支付的资金。以划拨方式取得土地所支付的资金在房地产项目竣工后计入新增固定资产，以出让方式取得土地所有权所支付的出让金不计入新增固定资产。土地购置费按实际发生额填报，分期付款的应分期计入。项目分期开发的，只计入与本期项目有关的土地购置费。前期支付的土地购置费，项目纳入统计后计入。

9.投资额按工程用途分组：

（1）住宅：指专供居住用的房屋。包括普通商品房、保障性住房、别墅、公寓、各部门的职工家属宿舍和集体宿舍（包括职工单身宿舍和学生宿舍）等供居住的房屋。不包括住宅楼中作为人防工程用的房屋，也不包括不住人的地下室。住宅按照户型结构可以划分为 90 平方米及以下住房，144 平方米以上住房等。

①90 平方米及以下住宅：指在房地产开发企业投资建设的商品住宅中，套型建筑面积不超过 90 平方米（包括 90 平方米）的住房。套型建筑面积是指单套住房的建筑面积，由套内建筑面积和分摊的共有建筑面积组成。现房应以商品房销售合同中实际测绘的建筑面积为统计标准，期房根据商品房预售合同中规划设计面积进行统计，待住宅竣工交付使用后，应根据实际测绘面积进行相应调整。

②144 平方米以上住宅：指在房地产开发企业投资建设的商品住宅中，套型建筑面积超过 144 平方米（不包括 144 平方米）的住房。现房应以商品房销售合同中实际测绘的建筑面积为统计标准，期房根据商品房预售合同中规划设计面积进行统计，待住宅竣工交付使用后，应根据实际测绘面积进行相应调整。

（2）办公楼：指企业、事业、机关、团体、学校、医院等单位的办公用房，也包括商务办公楼。

（3）商业营业用房：包括批发和零售用房、宾馆用房屋、餐饮用房屋、商务会展用房屋和其他商业及服务用房屋五类。

（4）其他：凡不属于上述各项用途的房屋建筑物，如中小学教学用房、托儿所、幼儿园、车库等。

10.本年新增固定资产：指在报告期已经完成建造和开发过程并交付使用的房屋和土地开发面积的价值。是房地产开发公司进行开发经营活动的最终成果，即为社会提供的固定资产，而且是在报告期内新增加的。不是反映房地产开发企业本身固定资产的增加。

11.待开发土地面积：指经有关部门批准，通过各种方式获得土地使用权，但尚未开工建设的土地面积。

12.资金来源

（1）本年实际到位资金合计：指房地产开发企业在本年内收到的可用于房地产开发的各种资金来源数之和，包括上年末结余资金、本年度内拨入、借入或以各种方式筹集的资金。

（2）上年末结余资金：指上年资金来源中没有形成投资额而结余的资金。包括尚未用到工程中的材料价值、未开始安装的需要安装设备价值及结存的现金和银行存款、新开工项目以前年度支付的土地款等。可根据有关财务数字填报。上年末结余资金不能出现负数，即不能把上年应付工程、材料款作为上年末结余资金的负数来处理。

（3）本年实际到位资金：指在报告期收到的，用于在建项目投资的各种货币资金。包括国内贷款、利用外资、自筹资金、定金及预收款、个人按揭贷款和其他资金。

①国内贷款：指报告期内向银行及非银行金融机构借入的，用于在建项目投资的各种国内借款，包括银行利用自有资金及吸收存款发放的贷款、上级拨入的国内贷款、国家专项贷款，地方财政专项资金安排的贷款、国内储备贷款、周转贷款等。

银行贷款：指报告期内房地产开发企业向各商业银行、政策性银行借入的，用于房地产开发的各项贷款。

非银行金融机构贷款：指向除上述银行之外从事金融业务的机构借入的，用于房地产开发的各项贷款。非银行金融机构包括城市信用社、农村信用社、保险公司、金融信托投资公司、证券公司、财务公司、金融租赁公司、融资公司（中心）等。

②利用外资：指报告期内收到的境外（包括外国及港澳台地区）资金（包括设备、材料、技术在内）。包括对外借款（外国政府贷款、国际金融组织贷款、出口信贷、外国银行商业贷款、对外发行债券和股票）、

外商直接投资、外商其他投资（包括补偿贸易、加工装配由外商提供的设备价款、国际租赁，外商投资收益的再投资资金）。不包括我国自有外汇资金（包括国家外汇、地方外汇、留成外汇、调剂外汇和中国银行自有资金发行的外汇贷款等）。各类外资按报告期的外汇牌价（中间价）折成人民币计算。

③自筹资金：指在报告期内筹集的用于在建项目投资的资金。包括自有资金、股东投入资金和借入资金，但不包括各类财政性资金、从各类金融机构借入资金和国外资金。

④定金及预收款：定金是为使甲乙双方按约定签订正式经济合同，实现房屋交易，根据有关规定由购房者或单位在报告期交纳的押金。预收款是甲乙双方签订购销房屋合同后，在报告期由购房者或单位交付的首付款及各种手续费（包括其中的外汇）。

⑤个人按揭贷款：是指按照中国人民银行（《个人住房贷款管理办法》，银发[1998]190 号）中规定，贷款人（商业银行）向借款人发放的采用分期偿还方式用于购买自用普通住房的贷款。具体指具有完全民事行为能力的自然人，购买商品房时以其购买的产权住房（或银行认可的其他担保方式）为抵押，作为偿还贷款的保证而向银行申请的住房商业性贷款。从 1999 年 2 月开始，个人住房贷款可扩大到借款人自用的各类型住房贷款（《关于开展个人消费信贷的指导意见》，银发[1999]73 号）。

⑥其他到位资金：指在报告期收到的除以上各种资金之外其他用于房地产开发的资金。包括国家预算内资金、债券、社会集资、个人资金、无偿捐赠的资金及用征地迁移补偿费、移民费等进行房地产开发的资金。

13.本年各项应付款合计：指在房地产开发过程中应付未付的投资款。包括应付工程款、应付器材款、应付工资、应付有偿调入器材及工程款、其他应付款、应交税金、应交基建收入、应交投资包干结余、应交能源交通建设基金、应交预算调节基金及其他应交款。各项应付款填报本报告期实际增加数（或发生数），不是填报开始建设以来的累计数。

三、房地产开发企业施工和销售指标

1.房屋施工面积：指报告期内施工的全部房屋建筑面积。包括本期新开工的房屋建筑面积、上期跨入本期继续施工的房屋建筑面积、上期停缓建在本期恢复施工的房屋建筑面积、本期竣工的房屋建筑面积以及本期施工后又停缓建的房屋建筑面积。多层建筑应填各层建筑面积之和。

2.房屋新开工面积：指报告期内新开工建设的房屋建筑面积，以单位工程为核算对象，即整栋房屋的全部建筑面积，不能分割计算。不包括在上期开工跨入报告期继续施工的房屋建筑面积和上期停缓建而在本期恢复施工的房屋建筑面积。房屋的开工应以房屋正式开始破土刨槽（地基处理或打永久桩）的日期为准。

3.房屋竣工面积：指报告期内房屋建筑按照设计要求已全部完工，达到住人和使用条件，经验收鉴定合格或达到竣工验收标准，可正式移交使用的各栋房屋建筑面积的总和。

4.不可销售面积：指报告期房地产公司竣工的用于拆迁还建的房屋面积；接受委托、定向开发建设，并收取一定的管理费所建设的统建代建房屋竣工面积；竣工的学校、幼儿园、派出所、居委会、商店等公益设施建筑面积。

5.住宅竣工套数：指报告期内按照设计要求已全部完工，经验收合格，达到住人或使用条件的正式交给开发公司的成套住宅数量（以设计图纸为准）。

6.房屋竣工价值：指报告期内按规定已经上报竣工的房屋本身的建造价值。一般按房屋设计和预算规定的内容计算。包括竣工房屋本身的基础、结构、屋面、装修以及水、电、卫等附属工程的建筑价值，也包括作为房屋建筑组成部分而列入房屋建筑工程预算内的设备（如电梯、通风设备等）的购置和安装费用；不包括厂房内的工艺设备、工艺管线的购置和安装，工艺设备基础的建造；室外的水、暖、电、卫、道路工程、挡土墙等环境工程的费用，办公和生活用家具的购置等费用；购置土地的费用；迁移补偿费和场地平整的费用及城市建设配套投资。

房屋竣工价值不仅包括该竣工房屋在报告期内完成的价值，也包括跨年施工的房屋在本期以前完成的价值。未竣工而转让给其他单位的房屋建筑工程，出让单位不计算竣工价值，待接受单位继续施工并符合竣工条件后，由接受单位计算其竣工价值，包括出让单位在出让前所完成的价值。房屋竣工价值一般按结算价格（或中标价）计算。

7.房屋出租面积：指在报告期期末房屋开发单位可供出租的商品房屋的全部面积。

8.新建商品房销售面积：指报告期内出售商品房屋的合同总面积（即双方签署的正式买卖合同中所确定的建筑面积）。由现房销售面积和期房销售面积两部分组成。

（1）现房销售面积：指在报告期内正式签订买卖合同、已经竣工达到入住条件的商品房屋建筑面积。包括以一次性付款方式和分期付款方式销售的现房建筑面积。

（2）期房销售面积：指在报告期内正式签订买卖合同、正在建设尚未竣工交付使用的商品房屋建筑面积。包括以一次性付款方式和分期付款方式销售的商品房屋建筑面积。期房销售建筑面积竣工后不再结转为现房销售建筑面积。

9.新建商品房销售额：指报告期内出售商品房屋的合同总价款（即双方签署的正式买卖合同中所确定的合同总价）。该指标与商品房销售面积同口径，由现房销售额和期房销售额两部分组成。

（1）现房销售额：指报告期内销售的已竣工商品房屋的合同总价款。包括现房销售前期预收的定金、预收款、首付款及全部按揭贷款的本金等款项。该指标与现房销售面积同口径。

（2）期房销售额：指报告期内销售的正在建设尚未竣工的商品房屋的合同总价款。包括预售房屋前期预收的定金、预收款、首付款及全部按揭贷款的本金等项。该指标与期房销售面积同口径。

10.商品住宅销售套数：指报告期内出售商品房屋合同中总的成套住宅数量（即双方签署的正式买卖合同中所确定的成套住宅数量）。由现房销售套数和期房销售套数两部分组成。

（1）现房销售套数：指报告期内销售的已竣工商品房屋合同中总的成套住宅数量。

（2）期房销售套数：指报告期内销售的正在建设尚未竣工的商品房屋合同中总的成套住宅数量。

11.待售面积：指报告期末已竣工的可供销售或出租的商品房屋建筑面积中，尚未销售或出租的商品房屋建筑面积，包括以前年度竣工和本期竣工的房屋面积，但不包括报告期已竣工的拆迁还建、统建代建、公共配套建筑、房地产公司自用及周转房等不可销售或出租的房屋面积。按照商品房待售时间的长短可以划分为待售一年以下、待售一年到三年（含一年）和待售三年以上（含三年）。

四、主要分组指标

1.登记注册统计类别：企业单位的登记注册统计类别，依据《关于市场主体统计分类的划分规定》填写。机关、事业单位和社会团体及其他组织的登记注册统计类别，依据主要经费来源和管理方式，根据实际情况，比照《关于市场主体统计分类的划分规定》确定。

内资企业：登记注册统计类别为国有独资企业、私营有限责任公司、其他有限责任公司、私营股份有限公司、其他股份有限公司、全民所有制（国有企业）、集体所有制企业（集体企业）、股份合作企业、联营企业、个人独资企业、合伙企业、其他内资企业。

港澳台投资企业：登记注册统计类别为港澳台投资有限责任公司、港澳台投资股份有限公司、港澳台投资合伙企业、其他港澳台投资企业。

外商投资企业：登记注册统计类别为外商投资有限责任公司、外商投资股份有限公司、外商投资合伙企业、其他外商投资企业。

2. **企业控股情况**：根据企业实收资本中某种经济成分的出资人的实际投资情况，或出资人对企业资产的实际控制、支配程度进行分类。具体分为国有控股、集体控股、私人控股、港澳台商控股、外商控股和其他六类。

（1）**国有控股**：包括：

①在企业的全部实收资本中，国有经济成分的出资人拥有的实收资本（股本）所占企业全部实收资本（股本）的比例大于50%的国有绝对控股。

②在企业的全部实收资本中，国有经济成分的出资人拥有的实收资本（股本）所占比例虽未大于50%，但相对大于其他任何一方经济成分的出资人所占比例的国有相对控股；或者虽不大于其他经济成分，但根据协议规定拥有企业实际控制权的国有协议控股。

③投资双方各占50%，且未明确由谁绝对控股的企业，若其中一方为国有经济成分的，一律按国有控股处理。

（2）**集体控股**：包括：

①在企业的全部实收资本中，集体经济成分的出资人拥有的实收资本（股本）所占企业全部实收资本（股本）的比例大于50%的集体绝对控股。

②在企业的全部实收资本中，集体经济成分的出资人拥有的实收资本（股本）所占比例虽未大于50%，但相对大于其他任何一方经济成分的出资人所占比例的集体相对控股；或者虽不大于其他经济成分，但根据协议规定拥有企业实际控制权的集体协议控股。

（3）**私人控股**：包括：

①在企业的全部实收资本中，私人经济成分的出资人拥有的实收资本（股本）所占企业全部实收资本（股本）的比例大于50%的私人绝对控股。

②在企业的全部实收资本中，私人经济成分的出资人拥有的实收资本（股本）所占比例虽未大于50%，但相对大于其他任何一方经济成分的出资人所占比例的私人相对控股；或者虽不大于其他经济成分，但根据协议规定拥有企业实际控制权的私人协议控股。

（4）**港澳台商控股**：包括：

①在企业的全部实收资本中，港澳台商经济成分的出资人拥有的实收资本（股本）所占企业全部实收资本（股本）的比例大于50%的港澳台商绝对控股。

②在企业的全部实收资本中，港澳台商经济成分的出资人拥有的实收资本（股本）所占比例虽未大于50%，但相对大于其他任何一方经济成分的出资人所占比例的港澳台商相对控股；或者虽不大于其他经济成分，但根据协议规定拥有企业实际控制权的港澳台商协议控股。

（5）**外商控股**：包括：

①在企业的全部实收资本中，外商经济成分的出资人拥有的实收资本（股本）所占企业全部实收资本（股本）的比例大于50%的外商绝对控股。

②在企业的全部实收资本中，外商经济成分的出资人拥有的实收资本（股本）所占比例虽未大于50%，

但相对大于其他任何一方经济成分的出资人所占比例的外商相对控股；或者虽不大于其他经济成分，但根据协议规定拥有企业实际控制权的外商协议控股。

（6）**其他**：除上述五类以外的企业控股情况。

3.**隶属关系**：指本单位隶属于哪一级行政管理单位。分为：中央、地方和其他。中央与地方双重领导的单位，以领导为主的一方来划分中央属或地方属。